LOS MUNDOS INTERNOS de la MEDITACIÓN

JOHN-ROGER, D.C.E.

OTROS LIBROS POR JOHN-ROGER, D.C.E.
Abundancia y Conciencia Superior
Amando Cada Día
Amando Cada Día para los que Hacen la Paz
Amor Viviente del Corazón Espiritual
Caminando con el Señor
¿Cómo se Siente ser Tú? (con Paul Kaye, D.C.E.)
¿Cuándo Regresas a Casa? (con Pauli Sanderson, D.C.E.)
Dios es tu Socio
El Alucinante Viaje Espiritual (con el Dr. Michael McBay, versión actualizada del libro Drogas*)*
El Camino de Salida
El Camino de Un Alma
El Cristo Interno y los Discípulos del Cristo
El Descanso Pleno (con Paul Kaye, D.C.E.)
El Guerrero Espiritual
El Guía Espiritual
El Sendero a la Maestría
El Espíritu, el Sexo y Tú
El Tao del Espíritu
Esencia Divina (versión actualizada del libro Baraka*)*
La Conciencia del Alma
La Familia Espiritual
La Fuente de tu Poder
La Promesa Espiritual
Manual para el Uso de la Luz
Mi Diario con Preguntas y Respuestas desde el Corazón
Momentum: *Dejar que el Amor Guíe (con Paul Kaye, D.C.E.)*
Pasaje al Espíritu
Perdonar: La Llave del Reino
Preguntas y Respuestas Sobre la Vida
Protección Psíquica (Versión actualizada del libro Posesiones, Proyecciones y Entidades*)*
Relaciones - Amor, Matrimonio y Espíritu (versión actualizada)
Sabiduría Sin Tiempo, Vol. 1 y 2
Sabidurías del Corazón Espiritual
Servir y Dar: Portales a la Conciencia Superior (con Paul Kaye, D.C.E.)
Un Pensamiento Positivo: El Lujo que Puedes Darte
Viajes Durante los Sueños (versión ampliada)
Viviendo los Principios Espirituales de Salud y Bienestar (con Paul Kaye, D.C.E.)

Para más información, contactarse con el
Movimiento del Sendero Interno del Alma
MSIA
P.O. Box 513935, Los Angeles, CA. 90051-1935 – EE.UU.
Teléfono: (323) 737-4055 en EE.UU.
pedidos@msia.org
www.msia.org

LOS MUNDOS INTERNOS
de la
MEDITACIÓN

Edición Revisada

JOHN-ROGER, D.C.E.

MANDEVILLE PRESS
Los Angeles, CA (EE.UU.)

© Copyright 1976, 1988, 1996, 2013 por
Peace Theological Seminary and College of Philosophy®

Titulo original: *Inner Worlds of Meditation*

Todos los derechos reservados, inclusive el derecho de reproducción total y/o parcial por cualquier medio.

Responsables de la primera edición:
Jesús Becerra y Myriam Acevedo
Revisión ortográfica de la segunda edición: Mónica Valenzuela
Responsable de la segunda edición revisada: Nora Valenzuela

Mandeville Press
P.O. Box 513935
Los Angeles, CA 90051-1935 (EE.UU).
Teléfono: (323) 737-4055 (EE.UU).
jrbooks@mandevillepress.org
www.mandevillepress.org

Impreso en los Estados Unidos de Norteamérica
ISBN 978-1-936514-65-6

Porque el Viajero enseña el reino interior;
enseña los reinos internos de la conciencia;
enseña lo absoluto
y puro de
todo individuo en el Alma
y comparte contigo
este néctar de la vida.

ÍNDICE

1	Introducción a la Meditación	1
2	Meditación: Los Reinos Internos de la Conciencia	13
3	Meditación de la Respiración	31
4	Los Tonos Sagrados	37
5	Meditación del Ra	45
6	Meditación del So-Hawng	49
7	Meditación del Tho	53
8	Sondeo	57
9	Meditación de la Llama	67
10	Meditación del Agua	77
11	Introducción al Color	87
12	Sintonización con el Color	91
	Ejercicio con Papel de Colores	93
	Ejercicio de Sintonización con el Aura	95
13	Colores de los Rayos de la Luz	99
	Rojo	100
	Naranja	103
	Amarillo	105
	Verde	108
	Azul	111
	Violeta	117
	Blanco	121
14	Para Concluir	125
	Glosario	127
	Recursos y Materiales de Estudio Adicionales	133
	Acerca del Autor	140

PREFACIO

Las técnicas de meditación que se encuentran en este libro son técnicas que han sido enseñadas por John-Roger en muchos de sus seminarios alrededor del mundo. Han sido desarrolladas como claves para la Trascendencia del Alma, que es el proceso de tomar mayor conciencia de ti mismo como Alma y, más que eso, de ser uno con Dios. Todas estas meditaciones funcionan con el enfoque espiritual de la Luz y han sido diseñadas para tu elevación. Es muy importante que estas meditaciones se hagan tal como se describen, entendiendo el propósito e intención de cada una. A fin de comprender los conceptos que construyen el fundamento de cada meditación, nuestra recomendación es que leas el material de introducción del Capítulo 1 en su totalidad, antes de intentar usar cualquiera de las meditaciones. A continuación, lee el capítulo completo antes de practicar la técnica que se explica en él.

1
Introducción a la Meditación y a los Ejercicios Espirituales

Tu tarea es despertar a los niveles que están dormidos dentro de ti, es despertar a la conciencia del amor, de la Luz y del Sonido.

En la actualidad, está surgiendo en todo el mundo una tendencia hacia la meditación. Hay mucha información disponible, así como diferentes formas y técnicas de meditación a través de libros, talleres y centros de meditación. La meditación se ha usado con muchos propósitos, desde calmar y sanar las tensiones físicas, emocionales y mentales hasta experimentar estados de conciencia superiores y conseguir la autorrealización. La mayoría de las técnicas de meditación son un proceso pasivo, en el cual te sientas en silencio y vacías tu mente y tu conciencia de todo pensamiento y de todo sentimiento. En realidad, esto es prácticamente imposible de hacer. Los pensamientos y las emociones de la conciencia humana están casi siempre presentes en algún grado, y continuamente eludirán cualquier intento de bloquearlos o de acallarlos completamente.

Este tipo de meditación pasiva funciona hasta un cierto punto. Puedes sentarte durante veinte minutos o por horas y lograr cierta relajación en tu mente, emociones y cuerpo físico. Puedes experimentar mayor calma y tranquilidad en tu interior simplemente alejándote de muchos de los estímulos y demandas exteriores. Pero también puedes sentarte con un buen libro, concentrarte en él y tener la misma experiencia. Algunas veces tengo las mejores ideas del mundo cuando estoy leyendo, y no es necesariamente a causa del libro. Cuando me concentro en lo que leo, mi mente dispersa y el caos emocional que eso produce se aquietan y puedo acceder a mi propia sabiduría interior.

Muchas veces, las personas se sientan y meditan durante largo rato y entran en contacto con su propio cuerpo emocional, astral o etérico, con sus propias formas de pensamiento, con sus propias confusiones y dilemas, o con la "basura" que recogen de otras personas. La meditación, entonces, se convierte en un proceso contraproducente.

Personalmente enseño otra dimensión del proceso meditativo que lo cambia de ser una técnica pasiva de vaciar la mente, a constituir un método activo de dirigir la mente y las emociones. A estas meditaciones activas las llamo "ejercicios espirituales", lo cual sugiere la actividad del ejercicio combinada con el enfoque y el impulso espiritual. Por lo tanto, este libro trata de ejercicios espirituales, aunque usaré la palabra 'meditación', porque es una palabra familiar y conocida, y mucha gente se siente cómoda con ella. Pero cuando digo 'meditación', me estoy refiriendo al proceso activo de los ejercicios espirituales más que al proceso pasivo de vaciar la mente.

El Alma es una unidad de energía extraordinariamente dinámica, poderosa y creativa. Está viva en el sentido más verdadero y puro de la palabra. Es esa parte de la persona que nunca muere, que siempre existe y que siempre es. Es una prolongación de Dios y una chispa de lo Divino. Es tu realidad más verdadera. El cuerpo, la mente y las emociones son los vehículos a través de los cuales el Alma adquiere experiencia en este mundo. No son quien tú eres. Ellos son ilusorios y temporales.

Y dado que el Alma está activa y dinámicamente viva, tú debes volverte activo y vital para poder conocer esa esencia de ti mismo. Debes despertarte a esa realidad, a ese ser dinámico que es tu Alma. No puedes despertar a algo que es activo estando tú pasivo. Debes volverte activo para alcanzar la conciencia del Alma, por eso enseño el proceso activo de los ejercicios espirituales como la clave hacia la Trascendencia del Alma.

En todas las técnicas de ejercicios espirituales, siempre lo mejor es combinar la técnica con el poder positivo de la Luz. La Luz es una fuerza de energía pura que proviene de los reinos más altos de Dios. Es la fuerza que activa todas las cosas. Es la esencia del Espíritu Santo. Si quieres tener éxito, es esencial que pidas que el poder de la Luz trabaje contigo para el bien mayor durante tus meditaciones. Ése es el seguro para que tus meditaciones sirvan para elevarte y desarrollarte espiritualmente.

Las energías que están presentes durante los ejercicios espirituales, aun cuando pueden parecer sutiles, son activas y muy poderosas. Si se usan en forma negativa, pueden producir gran confusión y perturbación y, potencialmente, pueden ser destructivas. Si se usan con la Luz, son una vía increíblemente acelerada hacia la iluminación espiritual. Depende de ti cómo las uses. Pero si de corazón quieres tu propio bien, empezarás cada meditación con una oración pidiendo que la Luz te rodee, te proteja y te guíe, que la negatividad que se pueda liberar sea despejada y disuelta en la Luz, y que todo lo que ocurra durante la meditación sea para el bien mayor. Cuando haces esta petición con pureza, sinceridad y amor, estás protegido y tu meditación será positiva y servirá para tu elevación y progreso. Si sientes una sintonización con la Conciencia del Viajero Místico, una conciencia espiritual que existe a través de todos los niveles de la creación de Dios, puedes pedir también que esa conciencia permanezca junto a ti y trabaje contigo para tus más altos fines. El Viajero habita en cada uno de nosotros y es un aspecto del que puedes estar consciente o no. El Viajero es un guía hacia los niveles superiores del Espíritu, la realidad mayor de Dios. Esta conciencia trabaja contigo con amor en los niveles internos y está a tu disposición simplemente pidiéndolo.[1]

Preparándose para los Ejercicios Espirituales

Cuando te dispongas a meditar, tómate el tiempo para preparar el entorno, pues eso enriquecerá tu meditación. Trata de encontrar el tiempo y el lugar donde nadie te moleste. Tal vez debas colgar un aviso en la

---

[1] Para más información sobre el Viajero Místico, consultar la sección "Recursos y Materiales de Estudio Adicionales" que se sugieren al final del libro.

puerta diciendo: "Por favor, no molestar", descolgar el teléfono, o activar tu contestadora con el volumen silenciado. Apaga la alarma de tu reloj de pulsera, si tiene una. Si sientes sed, toma un poco de agua. Si tu estómago se siente vacío, dale algo de comer. Deja a mano una frazada por si la necesitas. En otras palabras, trata de anticipar las posibles distracciones a tu meditación y ocúpate de ellas antes de empezar.

Elige una silla cómoda, pero no tanto como para que te duermas. Usa ropa cómoda que no haga ruido cuando te muevas. Antes de sentarte, estírate y respira hondo durante algunos minutos. Esto puede ayudarte a liberar tensiones del cuerpo, de la mente y de las emociones. Después de sentarte, permanece algunos minutos en silencio y permite que tu cuerpo se relaje. A medida que te relajes, siente la energía fluyendo libremente a través de tu cuerpo. Haz el compromiso de que nada que suceda en el plano físico te perturbará. Lo puedes hacer simplemente diciendo que cualquier ruido que escuches, te ayudará a relajarte más profundamente y a elevarte más en tu conciencia. Si alguien hace sonar la bocina de un automóvil, toma conciencia de que eso ocurrió, pero no te incomodes por ello. Si suena el teléfono en el apartamento de al lado, identifícalo como el teléfono de tus vecinos, sabiendo que no tienes que hacer nada. Solamente utiliza todo eso para subir más alto en tu meditación. Usa todo lo que ocurra a tu alrededor como una herramienta para tu propia evolución.

En los ejercicios espirituales se utiliza un punto focal a través del cual se dirige la energía del Espíritu, la energía de la Luz. Este punto focal puede ser algo tan orgánico como tu propio proceso de respirar, o involucrar un objeto externo como el agua o el fuego. O puede ser también un sonido o un mantra que repitas o cantes (en voz alta) o internamente (en silencio). Algunos ejercicios espirituales han sido desarrollados para tener un impacto sobre áreas específicas de la conciencia o para trabajar con ellas, pero todos los ejercicios espirituales comparten el propósito común de llevarte hacia estados de percepción y de conciencia más sutiles, más refinados y más altos, hasta que atravieses las ilusiones de este mundo y accedas a la conciencia del Alma.

Al trabajar con cualquiera de las meditaciones de este libro encontrarás que trabajas con energías más elevadas de lo acostumbrado. Sentirás su intensidad y su fuerza en diferentes formas. Puedes sentir mucho calor cuando la energía espiritual entre en ti, porque acelera la circulación sanguínea y eso produce la sensación de calor. Puedes sentir un cierto cosquilleo en la cabeza, las manos o los pies (casi como pequeñas descargas eléctricas). Quizás sientas que tu visión se altera o se nubla. Después de hacer los ejercicios, te puede resultar difícil ver físicamente. Estas técnicas están diseñadas para elevar tu conciencia hacia dimensiones más elevadas, por lo que no te sorprendas con los cambios. Las cosas "vuelven a la normalidad" rápidamente. Más adelante en este capítulo, describiré algunas técnicas para "anclarse" después de la meditación, y así puedas volver a tus quehaceres cotidianos de una manera centrada.

Mientras meditas puedes ver colores, bien sea internamente (con la visión interna) o externamente.

Pueden ser los colores de tu propia aura que se te reflejan. O pueden indicar la presencia de un maestro espiritual. Si ves el color violeta puede significar que la Conciencia del Viajero Místico está contigo, asistiéndote a liberar cosas de tu conciencia que ya no necesitas y equilibrando acciones del pasado, lo que también se conoce como karma. No tienes que hacer nada, excepto reconocer que eso está sucediendo.

Al meditar, puedes sentir que tu cuerpo cambia de forma o de tamaño. Algunas veces puedes sentir que el cuerpo se vuelve gigante, como si ocupara todo el cuarto. Otras veces puedes sentir como si te estuvieras volviendo más y más pequeño. Si tienes los ojos abiertos, puedes ver las cosas a tu alrededor como "encogiéndose". Estos cambios indican que tu conciencia se está movilizando dentro de ti, que tu conciencia está saliendo de las limitaciones impuestas por tu cuerpo, volviéndose más libre. No permitas que esas sensaciones te asusten. Son pasos en tu progresión hacia los reinos superiores.

Al dejar entrar frecuencias espirituales en tu cuerpo, esta energía pura "empuja" la negatividad que has estado acumulando dentro de tu conciencia, de modo que en medio de la meditación, puedes estar pensando en palabras desagradables, destructivas o agresivas. O puedes sentir las emociones agitadas dentro de ti, y con ellas gran confusión y angustia. También podrías "ver" imágenes perturbadoras. Con frecuencia se trata de pensamientos, sentimientos o emociones que has bloqueado o reprimido hacia los niveles inferiores de tu conciencia, los que pueden salir a la superficie durante tu meditación. La Luz los empujará hacia afuera, ocupando el espacio que éstos tenían tomado en tu conciencia. No trates de detenerlos. Sólo deja salir las palabras. Permite que las emociones salgan. Permite que las imágenes salgan. Llora, si deseas. Es tu oportunidad de despejarte y de avanzar un paso más hacia tu realidad espiritual. A medida que avances hacia la conciencia del Alma, tendrás que confrontar y desechar la negatividad de tu conciencia con la asistencia de la Luz. De modo que si aparecen desequilibrios, sólo obsérvalos, admite que están ahí, bendícelos con la Luz, perdónate por ellos y déjalos ir. Todo ese desequilibrio puede ser dispersado en la Luz y puedes liberarte de él. Eso es libertad.

Cuando estás involucrado en la práctica de los ejercicios espirituales, colocas tu conciencia en un estado de alerta y te conectas con fuerzas muy dinámicas. Algunas personas encuentran que si realizan sus ejercicios espirituales tarde en la noche, después les resulta muy difícil conciliar el sueño. Acceden a una energía espiritual que los pone tan lúcidos que no pueden apagar esa energía. Para otras personas, los ejercicios espirituales parecen ser la mejor fórmula para dormir. Practican sus ejercicios espirituales durante unos treinta minutos, y luego se duermen profundamente. Experimenta y ve de qué manera funcionan para ti. Parece ser algo bastante individual. Podrías encontrar que algunas técnicas te despiertan completamente y que otras te ayudan a dormir. Mi intención es ponerte al tanto de ambas posibilidades. Si ciertos ejercicios de hecho te mantienen despierto, podrías programarlos para el día o temprano en la tarde. Aquellos que te incitan a dormir, naturalmente deben hacerse cuando se esté listo para dormirse.

Anclarse después de los Ejercicios Espirituales

Cuando haces una meditación en la que tu conciencia se moviliza dentro de ti y sientes que las cosas cambian en algún sentido o de alguna manera, o inclusive sientes que te liberas del cuerpo en algún grado, te puede resultar difícil "regresar a la tierra" y adaptarte de nuevo a las energías físicas. Hay un par de técnicas muy buenas que te ayudarán a realinear tu conciencia y a enfocarla nuevamente en el mundo físico. La primera es simplemente tomar algo de agua y estirar el cuerpo un poco. La otra técnica es decir en silencio o en voz alta el sonido "i". Comenzando con un tono de voz grave, dices en forma sostenida "iiii", elevando la voz hasta el tono más agudo que puedas, luego vuelves a bajarlo otra vez. Cuando lo practiques, imagina que el sonido parte en tus pies y recorre tu cuerpo entero hasta alcanzar una altura de unos treinta centímetros por sobre tu cabeza en el momento en que el sonido alcanza el tono más agudo; luego, vuelve a bajar hasta los pies al tiempo que dices el sonido en tono grave nuevamente. Puedes estar de pie al hacerlo. Con suavidad toca la punta de tus pies al comenzar a decir "iiii" en tono grave, luego gradualmente, vas subiendo hasta pasar por sobre tu cabeza, a la vez que agudizas el tono de voz; entonces vuelves a bajar hasta la punta de los pies con la voz en un tono más grave. Sólo toma unos segundos hacerlo. Repítelo unas cuantas veces y te sorprenderás de lo equilibrado, centrado y listo que estarás para continuar con tus actividades cotidianas.

Llevar un Diario Personal

Al hacer estos ejercicios espirituales sería conveniente que llevaras un registro del ejercicio que hiciste, durante cuánto tiempo, así como cualquier experiencia que hayas tenido durante y después del ejercicio. Por ejemplo, puedes registrar que hiciste la meditación de la llama durante 5 minutos el lunes. Puedes anotar que viste un halo suave alrededor de la llama cuando la observabas y que detuviste la meditación al sentir como que te estabas durmiendo, en vez de enfocar tu energía externamente en la llama. Puedes destacar que viste un punto de color en tu visión interna al quedarte sentado en silencio y completar la meditación, y que el punto de color cambió varias veces. Aparte de eso, es probable que no tengas ninguna otra experiencia que anotar. Sin embargo, a la mañana siguiente puedes agregar que tus sueños fueron intensamente vívidos y que los recordaste más en detalle de lo que acostumbras. Éstas son tan sólo algunas de las posibilidades que ofrece una meditación.

Ten en cuenta que debes llevar un registro no sólo de la meditación que hiciste, sino del tiempo que empleaste en ella, además de cualquier cosa que hayas notado, tanto durante como después de la meditación, que parezca diferente a lo que te sucede normalmente y que pudiera ser, por lo tanto, posiblemente una consecuencia de la meditación.

Tal vez descubras que pueblan tu conciencia pensamientos poéticos y sentimientos muy hermosos. Cuando haces estos ejercicios espirituales estás vibrando con las frecuencias más elevadas de la Luz, y tus pensamientos y sentimientos pueden ser un reflejo de esa sintonización. Cuando escribes sobre eso en tu diario, creas para ti un registro de tu progreso, lo que también puede servirte de inspiración al momento de necesitar un estímulo.

Sugiero que adquieras un diario que sea de tu gusto y que sólo lo uses para ese propósito. Algunas personas compran diarios hermosos e inclusive un bolígrafo especial y los mantienen en el lugar dónde hacen ejercicios espirituales. A otras personas les gusta usar una carpeta de tres argollas con papel de líneas en donde pueden archivar cosas en diferentes secciones y agregar más hojas, si es necesario. Otros prefieren un simple archivador anillado. Hay personas que también mantienen una grabadora a mano para grabar los pensamientos y comprensiones que pudieran surgirles. Tal vez hayas notado que tu conciencia te revela comprensiones mientras manejas, estando en una sala de espera, o en ocasiones en que no tienes tu diario accesible. En esos casos, una grabadora es sumamente útil.

Conviértete en un científico cuando se trate de verificar estos ejercicios espirituales. Es bueno que registres lo que haces por fecha. Otra alternativa es que uses una sección diferente para cada una de las meditaciones, junto con una sección general en la que registres tus comprensiones y pensamientos acerca del proceso de hacer ejercicios espirituales. Cómo anotar las experiencias es algo tan personal como las experiencias que vayas teniendo en tu viaje interior. Encuentra lo que te guste, descubre la forma que funciona para ti y ponla en práctica.

INTRODUCCIÓN A LA MEDITACIÓN Y A LOS EJERCICIOS ESPIRITUALES

↩ ↩ ↩

Un comentario final antes de pasar a los ejercicios. Es de extrema importancia que no le enseñes a hacer estos ejercicios espirituales a otras personas. Si quieres compartir estas meditaciones con alguien, puedes hacerlo compartiendo el libro, de ese modo ellos serán responsables de leer toda la información tal como se presenta. Si le enseñas estos ejercicios a otros, la responsabilidad de darles la información correcta recae sobre ti. Si dejas de lado algún detalle que pudiera ocasionar el fracaso de esa persona, ese fracaso regresará a ti como su creador y deberás manejar la situación, te guste o no. Si no tienes la comprensión total ni la capacidad de ver qué está pasando dentro de la conciencia de otra persona, si no tienes la suficiente conciencia cómo para percibir el proceso de los ejercicios espirituales y de las acciones del pasado que se están equilibrando, es mejor (¡definitvamente!) no jugar al maestro. Si alguien se interesa en lo que haces, la mejor actitud es compartir este libro con esa persona y dejar que ella reciba la información directamente.

Es importante que cada día dediques un tiempo a ti mismo, un momento para enfocarte en tu propia conciencia espiritual, un momento para dejar de lado las preocupaciones físicas del día y tomar conciencia nuevamente de que eres espiritual, de que eres divino, de que a través del Alma eres una extensión del Dios Supremo. Esos momentos tranquilos contigo mismo son una instancia de comunicación entre tú y tu Dios. Son momentos importantes en tu movimiento de la conciencia interna del Alma y en tu despertar hacia la Luz superior.

2
Meditación: Los Reinos Internos de la Conciencia

Dios está en el cielo, existen reinos más extensos, no tienes que morir para experimentarlos y puedes conocer la realidad divina mientras vives en la Tierra.

Existen muchos niveles dentro de la conciencia humana, y aunque todos se mezclan y a menudo pueden funcionar como una unidad, también pueden funcionar separadamente. A través de la meditación, puedes darte cuenta de esos niveles de conciencia y familiarizarte más con ellos. Es un proceso de autoconciencia, de autoconocimiento y, en última instancia, de autorrealización.

Es difícil conocer a Dios antes de conocerte a ti mismo, y no puedes conocerte tú mismo hasta que no te tomes el tiempo para descubrir los niveles de conciencia que existen dentro de ti. El proceso de la meditación puede ser un instrumento muy útil para descubrirte. La meditación que sigue te lleva a través de los niveles internos de conciencia y te explica lo que podrías percibir y experimentar en cada nivel. Una vez que hayas leído toda la explicación, tómate de unos quince a treinta minutos para practicarla y experimentar por ti mismo los mundos internos: la última frontera.

Al sentarte en silencio con los ojos cerrados, empieza a relajarte y a entrar en tu interior. Algunas personas lo perciben como si dieran un vuelco. Algunos sienten que la habitación donde están se achica a medida que ellos parecen alejarse del lugar. Otros sienten que la habitación se agranda al ir ellos adentrándose muy profundo en ella. Todas estas sensaciones son indicadores de que tu conciencia se está movilizando dentro de ti. Tu propio movimiento de la conciencia interna está ocurriendo y tú estás consciente de él.

Al comenzar a adentrarte en tu interior, una de las primeras áreas con la que te encontrarás es con el reino sub-astral. Sigues estando muy cerca del mundo físico, y las imágenes de cuando tenías los ojos abiertos serán transferidas al interior de los párpados. Verás la imagen invertida o el contorno de la última cosa que viste físicamente. Tienes que esperar a que esa imagen se desvanezca para que no te distraiga.

Al seguir adentrándote en tu propia conciencia, encontrarás que el primer nivel del astral está compuesto por una mezcla de imágenes físicas y astrales. Verás algunos diseños de lo más extraños, y eso te indicará que estás en camino. Fogonazos de luz podrán cruzar frente a tu visión. Algunas veces verás diseños como los del papel mural o pequeños patrones ondulantes. Todo esto forma principalmente parte del fenómeno físico del ojo, de la presión y la tensión ocular. Por lo general, es el humor vítreo del ojo que se mueve de aquí para allá lo que produce esos patrones. Así que no pienses que necesariamente esos dibujos tienen un significado espiritual o psíquico. Básicamente te dicen que tienes un nivel de tensión que está perturbando tu visión. No tienes que mentirte con estos ejercicios espirituales. Puedes experimentar estos niveles internos sin necesidad de engañarte a ti mismo, pues si lo haces, bloquearás tu conciencia a lo que suceda realmente. Sé un observador y aparta todas las posibles ilusiones.

Uno de los primeros indicadores de que has accedido a la conciencia astral dentro de ti, es que la imaginación se vuelve muy fértil. Empezarás a ver toda suerte de escenas, imágenes y personas. Entonces surge el desafío de sólo observar y estar alerta, y de no dejarse atrapar por las imágenes. Si una imagen aparece y luego desaparece, en vez de decir: "Me gustaría saber de qué se trata", procurando hacerla reaparecer en tu conciencia, preguntándote la razón de que haya aparecido, o preocupándote por su simbolismo, simplemente obsérvala, déjala ir y sigue adelante.

Siguiendo hacia adentro, puedes empezar a ver luces: circulares, cuadradas, triangulares, de colores, y todo eso te estará diciendo que estás yendo más profundo. Las personas que han tomado drogas psicodélicas conocen este nivel bastante bien, porque las barreras que separan el reino físico y el astral se rompen y ellas pueden saltar hacia el reino astral muy rápidamente. Eso no tiene nada de malo, pero no es una acción controlada y que puedas hacer por propia elección. Los ejercicios espirituales te enseñan a elevar y expandir tu conciencia de forma dirigida y autocontrolada. En vez de romper las barreras naturales que están puestas para que puedas funcionar en este mundo, los ejercicios espirituales fortalecen tu capacidad de moverte por los niveles internos con conciencia y libertad.

Al seguir profundizando en tu meditación, se mantiene el desafío de observar simplemente sin tratar de controlar la experiencia o involucrarte en lo que estás viendo. Estás mirando el mundo interno dentro de ti. Puedes empezar a ver formas y diseños hermosos y fantásticos. Y si miras con cuidado, empezarán a aparecer escenas completas en la visión interna. Podría parecer como que estás de vuelta en la corte del Rey Arturo, en su mesa redonda. Sólo observa, podría ser una de tus encarnaciones pasadas que se refleja a través del reino astral. No te distraigas preguntándote si realmente estuviste allí, porque eso no sirve de nada. Debes liberar esa acción y esa imagen, independientemente de lo que sea.

Luego, siempre surge la pregunta: "¿Fue mi imaginación o fue real?", y la respuesta siempre es que no hay ninguna diferencia en que sea de una forma o de otra, porque de todas maneras no te vas a detener allí. Todo lo que haces es observar. Lo que veas tiene valor aunque sólo se trate de tu imaginación. Y aun cuando no refleje una realidad física, está expandiendo tu conciencia. Está haciendo que la mente llegue más allá de su límite usual, y ésa es la acción que perseguimos en ese punto: llegar más allá con la mente y expandir la conciencia interna para que puedas llenarla con una conciencia mayor de Luz.

No es raro que las personas mediten durante veinte o treinta años y no lleguen más allá de la conciencia astral. Pueden desarrollar una comunicación con su propio guía interno, lo cual podría ser parte de un proceso de encarnación pasado. Pueden pensar que encontraron a un Maestro interno, pero las formas Maestras no trabajan en el reino astral de la Luz. La mayoría de las veces, lo que experimentas en el reino astral eres tú mismo trabajando en esas áreas, tú resolviendo muchas de tus propias ilusiones, alucinaciones y fantasías.

Entonces, el proceso se trata de no dejarte distraer por lo que veas ni de quedarte atrapado en eso. Si ves una flor hermosa, no tienes que ir a cogerla. Eres realmente como un visitante de ese reino, un visitante muy especial en un lugar muy especial, y no perturbas o contaminas el entorno. Lo dejas como lo encontraste, para que no quede rastro de tu presencia, excepto alegría, paz y armonía.

Al seguir viajando más profundo dentro de ti, llegarás al próximo reino, que es el reino causal. Este reino es conocido por la cualidad emocional presente. El astral (imaginativo) se integra con el causal (emocional). No existe una línea divisoria clara y definida entre ellos, están entremezclados. Por ejemplo, si estás experimentando una película de terror dentro de ti a través de la conciencia astral, al acercarte más al reino causal, las emociones aparecen para proteger la conciencia y bloquear el terror. Pueden bloquearlo mediante el miedo, la duda, la angustia o la distracción. Tu trabajo es claro. Sólo dejas que la película de terror pase a través de tu mente, tu imaginación y tus emociones hasta que leas la palabra: "Fin". Entonces, vas a decir: "Si tuviera la posibilidad de ver esta película nuevamente, preferiría no hacerlo". La dejas ir, y así puedes pasar a lo siguiente rápidamente.

La imaginación es tremendamente poderosa. Aquí es donde has estado creando y viviendo en tu ensoñación durante tantos siglos y tantas vidas que casi por hábito estás restringido a ese nivel. Cuando no puedes pasar más allá del reino astral, sientes que no logras nada y empiezas a dudar de tu propia meditación interna. Viajar por tus propios reinos internos de Luz, como se enseña en este ejercicio, puede ser una técnica muy útil para avanzar más allá del nivel astral.

Cuando practiques esta meditación, puede que llegues tan solo hasta la primera parte del nivel emocional dentro de ti y que una parte tuya simplemente te saque de golpe al mundo físico. Tus ojos se abren de par en par y te encuentras sentado allí totalmente despierto, respirando pesadamente, sintiéndote un poco confundido y asustado, preguntándote qué sucedió. Fuiste expulsado de lo que estabas haciendo. Lo mejor que puedes hacer en esa situación es levantarte y hacer alguna actividad física, como tomar un baño, lavar tu ropa, llevar a cabo lo primero que tienes anotado en tu agenda. Quizá no sea conveniente tratar de retomar la meditación inmediatamente porque podría aumentar tu confusión emocional. Dale la oportunidad de que se disipe. Bebe un sorbo de agua (un bautismo interior). Libérate de todas estas cosas. La próxima vez encontrarás que el viaje interno es más rápido porque reaparecerán muchas de las mismas imágenes y caras. Entonces, las mirarás y dirás: "Sí, a ustedes las conozco", y seguirás yendo más profundo.

Puedes llegar al punto en que te relaciones con el área imaginativa de manera inmediata y consciente, y por ser ésta tan familiar para ti, te sientas contento. Probablemente podrías pasar el resto de tu carrera meditativa allí, sin llegar siquiera a los niveles emocional, mental o etérico. Muchas personas dicen: "He encontrado el cielo adentro y es fantástico", y sólo han llegado al reino astral superior. Una vez que aprendes lo que es el nivel imaginativo, puedes crear dentro de él y lograr que esas creaciones se proyecten hacia el entorno físico. Pero realmente sería bueno que supieras cómo crear, porque podrías crear alguna perturbación emocional que volverá con las otras creaciones.

Dado que la Tierra es un planeta negativo, cuando te adentras en el reino emocional o causal puedes experimentar cierta perturbación. Debes persistir, y cuando surjan las emociones sólo afirmar la acción de la Luz diciendo: "Esto está bien. Esto es Luz, es sólo una tonalidad, una calidad y una gradación diferente de Luz".

A medida que vas entrando más profundamente en el plano causal, empiezas a experimentar una sensación maravillosa. Y es aquí donde muchas personas que meditan dejan de hacerlo, porque sienten que *lo lograron*. Es tan maravilloso estar sentado allí en tu propio cuerpo, consciente de él de una manera no acostumbrada, pero también sintiendo que lo has trascendido, de forma que no tienes conciencia de ninguna de sus funciones ni de sus necesidades. Te encuentras en un estado de éxtasis.

Al continuar avanzando, puedes producir sanación en tu cuerpo emocional. Te puedes equilibrar tú mismo enfocándote en esas partes dentro de ti que parecen sentirse perturbadas, e inundar con esta enorme sensación de éxtasis de tu ser esas perturbaciones emocionales. Es en este nivel que realmente empezarás a sentir cómo se equilibran acciones del pasado. La liberación puede ser de calidad emocional. Al removerse las cosas dentro de tu conciencia tal vez termines llorando, vomitando o con algún síntoma similar. Este nivel puede eliminar cosas tremendas del cuerpo. No dejes que esas experiencias te frenen, toma las medidas que sean necesarias y luego haz otra cosa. Vuelve más tarde y prueba con la meditación otra vez. Cuando tu conciencia empieza a liberar algo que está fuera de equilibrio, el cuerpo tiende a reaccionar como parte de la liberación. Luego se vuelve a equilibrar y tú prosigues.

Si alguna vez has ayunado o hecho dieta, seguramente reconoces el patrón de desequilibrio seguido del de reequilibrio. Durante algunos días la nueva dieta o el ayuno parecen funcionar muy bien, pero luego el cuerpo comienza a reaccionar y piensas: "¿Estaré haciendo lo correcto empezando esta dieta? Realmente me siento *terrible*, y si esto estuviera funcionando, yo debería estar sintiéndome mejor". No necesariamente es así. El cuerpo está eliminando los desequilibrios causados por las comidas a las que era adicto y ahora debe ajustarse a la nueva dieta. Las personas que hacen ayunos o dietas, por lo general intentan hacerle un afinamiento al cuerpo para que sea un mejor receptor de lo que ellos sienten que quieren recibir. El mismo enfoque puede aplicarse para motivarse a meditar y el patrón que se produce es similar. A medida que ocurren purificaciones en los distintos reinos, la conciencia se convierte en un mejor receptor del Espíritu. Al llevar la Luz conscientemente a tu mundo interno, ésta limpia y refina cada nivel dentro de ti. En el nivel causal tus emociones se vuelven más livianas y no sólo más livianas en la Luz del Espíritu, sino también más luminosas en cuanto a regocijo y alegría. La particularidad emocional de las acciones del pasado que te encadenaban a patrones de deseo se dispersan. Simplemente desaparecen. A medida que tus desequilibrios y confusiones se van despejando, encuentras que puedes relajarte y observar cómo tus emociones y tu imaginación —los reinos causal y astral— se interrelacionan con un sentido de unidad.

Luego, tu desafío es seguir avanzando hacia el área mental. Al comenzar a entrar en el área mental, los patrones de la mente empiezan a manifestarse con pensamientos como: "¿Por qué estoy desperdiciando mi tiempo en esto?", y piensas: "Me pregunto si realmente todo esto es verdad. Me pregunto si estoy logrando algo. Dudo que alguien pueda hacerlo y tampoco creo que yo pueda. Probablemente esté perdiendo el tiempo. Realmente debería dedicarme a algo más productivo. Pero, bueno... no sé". Así es como empieza el nivel mental. Lo superas diciendo: "Está bien, diviértete". Te relajas y observas la acción mental. No interfieres, no la detienes, ni dices: "Ten cuidado". No dices nada. La sueltas. Cuando este proceso termina de hacer todo lo que va a hacer, tú simplemente sigues avanzando más y más, pasando más allá de ese nivel de parloteo mental.

Al seguir avanzando, te encontrarás en un lugar muy profundo dentro de tu propio ser. Estarás accediendo al intelecto de tu conciencia, No estoy hablando ni del cerebro ni de la mente. Estoy hablando del *intelecto*. Al entrar en esta área sentirás y experimentarás una "visión de 365 grados". Ya sé que un círculo sólo tiene 360 grados, pero esto es mucho más. Ves en redondo, hacia arriba y hacia abajo, en un patrón esférico total. Cuando llegues a ese lugar, no hagas preguntas porque tan pronto como las hagas, te devolverás a tu mente o a tu cerebro. En el intelecto no tienes que preguntar nada, sólo ver lo que hay allí. Todo se te coloca directamente enfrente de ti y tú sólo observas. No tienes que ir a ninguna parte. No tienes que hacer nada. No tienes que buscar. Las personas que alcanzan este nivel de intelecto puro suelen pensar que han encontrado al Dios Supremo, porque no existen preguntas a las cuales no puedan contestar y tampoco conocimiento alguno que no puedan observar. La gente se pregunta qué sentido tiene alcanzar ese lugar de intelecto puro si no pueden hacer preguntas. Haz las preguntas *antes* de ir a ese lugar. Cuando inicialmente te sientes para meditar, pregunta lo que quieras mientras aún estés funcionando a través de la mente, pero realmente sólo existe una pregunta y es: "¿Conoceré mi estado de autorrealización ahora?". Entonces, empieza a meditar.

Estos profundos niveles internos no siempre pueden ser transferidos ni traducidos al mundo físico. Al empezar a volver al mundo físico a través de estos niveles, el intelecto, que estaba presente tan dinámicamente, es encauzado de manera descendente a través de tu mente, tu cerebro (la grabadora), tus emociones y tu imaginación, y se expresa en palabras que no reflejan su esencia. El intelecto en sí mismo es difícil de traducir a ningún idioma. Parece que no existieran las palabras adecuadas, y terminas disculpándote con la gente por tu incapacidad para poner en palabras lo que tratas de expresar. A veces te encuentras diciendo: "Mira, ya sé que no tengo las palabras precisas y también sé que cuando diga esto realmente no voy a transmitirte lo que estoy experimentando, pero...", y haces lo mejor que puedes, porque tienes que empezar por algún lado y esforzarte para permitir que otras personas vean y conozcan lo que está pasando internamente en ti. Aun cuando no llegues a encontrar las palabras "correctas", podrás transmitir la esencia mediante tu intención y la realidad de tu experiencia, ya que tu disposición a compartir puede abrir la conciencia de otro y motivarlo a que haga su propia experiencia. Si no hicieras nada, si solamente te cruzaras de brazos y dijeras: "Eres demasiado tonto para entender, así que no me molestaré en explicarte", ni siquiera le estarías dando una oportunidad. Y peor aún, ni siquiera te estarías dando una oportunidad a *ti mismo*. Así que ábrete a compartir con la gente y cuando alguien te haga una pregunta, tal vez descubras que de tu mente empieza a salir y se expresa verbalmente información que ni siquiera sabías que poseías. Puede que esté saliendo muy pura del intelecto. A medida que practicas adentrarte en tus niveles internos, gradualmente vas despejando el camino para tener un acceso más consciente a esos niveles. Estas experiencias de contacto con los niveles internos pueden darse estando consciente en tu cuerpo físico.

Hay otro nivel más, antes de acceder al Alma y se trata del etérico. Puedes reconocer este nivel de muchas maneras. Puedes sentir súbitamente que vas cayendo a través de un espacio amplio y vacío que no tiene puntos de referencia, lo que puede resultar atemorizante para mucha gente. Este nivel es un almacén de muchas de las imágenes, deseos, pensamientos y sueños que has creado en los demás niveles de conciencia y que no has hecho nada al respecto. Como no tienen adónde ir, se guardan aquí, en el espacio etérico. No hay un orden en cómo se almacenan las cosas en este nivel, así que parte de la la experiencia puede ser una combinación extraña de imágenes, pensamientos o sentimientos que no tienen ningún sentido ni conexión y, sin embargo, te son familiares. Tú los pusiste ahí, aunque no de la forma en que puedas percibirlos al atravesar ese nivel. El etérico puede hacerte rebotar al físico rápidamente si reaccionas con miedo o preocupación. Si continúas observando, atravesarás esta área aparentemente extraña y confusa, y pasarás por un nivel de la nada que puede parecer aterrador, hasta llegar al espejo cósmico, que es la barrera final antes de acceder al Alma. Esta área te refleja los asuntos incompletos y los apegos de los niveles inferiores. Si te enganchas con lo que percibes, caes en espiral hasta esas áreas. Por ejemplo, puedes cruzarte con la imagen del novio, la casa o el automóvil que siempre quisiste tener (y que aún no consigues). Empiezas a pensar en eso y a sentir nostalgia nuevamente y ahí estás, de vuelta en el cuerpo con tus sentimientos y pensamientos. La clave hacia tu libertad y tu capacidad de seguir elevándote y avanzando, es siempre observar en vez de reaccionar, cuestionarse o involucrarse con lo que estás experimentando.

Estos niveles: el astral, causal, mental e inconsciente, todos ellos existen dentro de ti. No obstante, son sólo una parte del todo porque hay más. Todos estos niveles también existen *fuera* de ti, incluídos muchos niveles dentro del Alma. Más allá del estado fantástico del intelecto y de la prueba final del etérico está el Alma. En el Alma tú eres el Ello de Sí Mismo. Eres eterno. Eres Luz sin fin. Te conviertes, lo eres y reconoces que eres el Alfa y el Omega, el Sarmad, el Dios de la creación. En esa realización sabes que eres todo eso en los reinos *dentro* de ti. Muchas personas que tienen esta experiencia creen que son el Dios Supremo, sin darse cuenta de que solamente se encontraban dentro de su propia conciencia. Cuando estás en tu universo interno, trabajas a través de tus patrones tú solo. Puedes crear la imagen de alguien como representación simbólica para que te ayude a completar una acción del pasado, pero primordialmente estarás trabajando tú solo contigo mismo. En tu propio viaje interno, a veces puedes liberar el condicionamiento del inconsciente y los bloqueos que has colocado en la conciencia en tu vida diaria.

Puedes regresar tú solo a estos reinos cuando quieras. Puedes hacerlo usando un mantra o a través de alguna forma de iniciación. Pero si vas a atravesar los planos superiores de la Luz —los planos *externos* de la Luz— y entrar en el Océano de Amor y Misericordia (que se refleja en la conciencia interna), tienes que conocer las claves para separarte del cuerpo y adentrarte en esos reinos externos.

En el MSIA, el Movimiento del Sendero Interno del Alma, puedes convertirte en un iniciado del Viajero. La iniciación es de alguna manera un concepto extraño en el mundo occidental, sin embargo, es una antigua tradición espiritual. Iniciarse con el Viajero es una alternativa para completar tus experiencias en este mundo físico, conocer tu propia Alma y regresar al hogar con Dios. Cuando una persona alcanza esta etapa en su existencia, sus plegarias son escuchadas y suele descubrir que su sendero se entrecruza con el de un instructor, maestro o guía espiritual, el cual lo puede guiar en sus siguientes pasos. Cada una de las Almas tiene un sendero específico. Aquellos que están listos para regresar al Alma, por lo general, están en el sendero de la Trascendencia del Alma. El Viajero es una fuerza espiritual que conoce dicho sendero y funciona como guía para aquellos que están listos.

En el MSIA, a los iniciados en la Corriente del Sonido, con quienes está trabajando el Viajero Místico, se les enseña a soltarse *primero* en el cuerpo del Alma, en vez de viajar a través de los reinos inferiores para llegar hasta allí. Aprendes a trasladarte directamente al reino del Alma de los mundos externos, y luego a volver y recoger las envolturas de los reinos externos que son de una dimensión enorme, indefinible por ahora. Cuando haces esto, puedes encontrarte viajando con muchas personas y ésa es una manera de saber si estás viajando dentro de tus propios reinos internos o por los reinos externos. Cuando estés en los reinos externos, el Viajero estará contigo y también habrá otras personas presentes. Cuando estás en tus propios reinos internos, la mayor parte del tiempo estás allí solo. En cualquier caso, no hay hada que temer.

Es muy importante que te des cuenta de que cuando estás en el cuerpo del Alma dentro de ti, estás en un estado de autorrealización. Tienes autorrealización, pero hay grados de autorrealización. Residir en el cuerpo del Alma de los espacios externos te da una visión mucho mayor, más extraordinaria que estar residiendo en el cuerpo del Alma de tus propios reinos internos. Este reino externo del Alma es la morada donde verdaderamente vives, es tu hogar. Ya estás en el reino del Alma, pero puede que no te des cuenta. En tus propios reinos internos puedes estar en los reinos del Alma, en el etérico, mental, causal o astral y, a través de la meditación interna, experimentar la conciencia de esos reinos. Pero para experimentar esos niveles de conciencia en los reinos *externos*, debes viajar a esas áreas y familiarizarte con ellas. Es parecido a cuando viajas en este mundo físico y te familiarizas con él, o a cuando viajas a través de tus propios mundos internos llegando a familiarizarte con ellos. Es un asunto de práctica.

El trabajo del Viajero Místico normalmente no sucede dentro de tus mundos internos. La tarea del Viajero es trabajar contigo en los mundos externos, en los mundos invisibles del Espíritu, y señalarte el camino hacia una unidad con Dios. Para alcanzar esa unidad con Dios debes pasar más allá de lo desconocido del inconsciente, en donde es muy posible que te sientas perdido. Debes ir más allá de la mente que dice: "Vaya, son puras tonterías y definitivamente esto no es para mi". Debes llegar más allá de las emociones que dicen: "Esto duele demasiado, no lo aguanto". Debes ir más allá de la imaginación que te lanza imágenes que pueden distraerte y retrasarte. Mientras todo eso funcione para ti, está bien, pero cuando llegues al punto donde ya *no* te sirvan, entonces —y ésta es una súplica y un desafío a la vez— quédate contigo mismo, y quizás por primera vez en toda tu existencia, averigües qué es lo que pasa contigo. Parte de lo básico preguntando: "¿Qué es lo que necesito?", y entonces trabaja a nivel de tu necesidad. Puede ser difícil porque hay partes de ti que dirán: "Sí, pero yo quiero y deseo...", y esos anhelos y deseos son las áreas en donde producirás tus mayores problemas.

Al soltar tus anhelos y deseos empezarás a estar más cerca de Dios. Eventualmente, abandonarás el deseo de conocer a Dios, llegando a un punto en donde no tienes deseos ni siquiera a ese nivel. Pero hasta ese momento necesitas deseos para que te empujen hacia la conciencia interna de la Luz. De esta forma, el nivel de deseo se convierte en una herramienta, en un instrumento que tú controlas y diriges. Creas tus propias ilusiones que te ayudan a elevarte, y cuando una ilusión ya no te funciona, simplemente la dejas ir y creas otra.

En todos los niveles de tu ser eres Dios, el creador, el Divino. Y la responsabilidad de serlo también está presente. Si Dios tiene expresión infinita —y de hecho la tiene—, entonces tú eres una expresión de Dios. Es tu aptitud de utilizar esa expresión lo que te singulariza en tu espiritualidad, y también en tu capacidad de trasladar tu conciencia hacia dónde quieras, cuándo quieras y hacer con ella lo que quieras. Al orientar tu conciencia hacia Dios, creas una vida feliz y plena para ti en este nivel, usando tu tiempo sabiamente, ayudando a otros y prestando servicio. Al mismo tiempo, te estás asegurando en el reino del Alma y regresando al Altísimo, a la Fuente de todo.

3
Meditación de la Respiración

En la "Meditación de los Reinos Internos" describí los niveles dentro de tu conciencia, y lo que puedes ver o experimentar cuando viajas allí. Esa técnica es básicamente una meditación pasiva. Ahora me gustaría compartir contigo un ejercicio más activo que se puede usar en sí mismo, o en conjunto con la meditación de los reinos internos.

El punto focal, el punto de anclaje de tu atención en este ejercicio es tu respiración. Al enfocarte en tu respiración te mantienes consciente de este nivel físico, al tiempo que caes en un estado de profunda relajación y viajas por los mundos internos. La acción de los reinos internos puede confundir, y al no tener puntos de referencia, quedarte atrapado allí. Observar tu propia respiración te brinda un punto de referencia. Si has estado pasivo durante tu meditación, debes volverte activo otra vez cuando regresas a este mundo físico, y esa transición a veces puede ser dificultosa. Si agregas un elemento activo a la meditación pasiva, te mantienes activo todo el tiempo y no tienes que hacer un ajuste cuando regresas al nivel físico. El reino del Alma es activo también, por lo que es difícil alcanzarlo desde un estado pasivo. El ejercicio activo de tomar conciencia de la respiración facilita el acceder al Alma.

Puedes hacer esta meditación en todas partes y casi en todo momento. Es especialmente útil en situaciones en que estás experimentando estrés o ansiedad. La meditación de la respiración puede calmarte y proporcionarte autocontrol y dirección, lo que es muy beneficioso. Tranquiliza el cuerpo, las emociones y la mente sin dormirte. Por el contrario, te lleva a un estado de mayor alerta y conciencia. Cambia la frecuencia de las ondas de tu cerebro que permiten un control mayor de tu entorno inmediato, si eso es lo que sientes que necesitas. Cuando terminas de hacer este ejercicio espiritual, has entrado en un estado de tranquilidad que puedes llevar contigo adonde quiera que vayas. Puedes estar en un estado de tranquilidad y quietud internamente sin importar la situación física en la que te encuentres. Esta paz tranquila suele ser contagiosa para la gente que te rodea, quienes al mirarte captan tu calma. La paz que llevas contigo también puede tranquilizar a los demás mucho más de lo que te imaginas.

Esta técnica es muy útil cuando hay confusión en tu entorno, si alguien te grita o trata de humillarte en algún sentido, o si atraviesas una situación traumática que te puso a prueba y no te sientes contento con la forma en que lo manejaste. La mejor manera de actuar es colocarte en un estado de calma interna para que te conviertas en amo de ti mismo.

Te sugiero que al principio hagas este ejercicio entre quince y treinta minutos, hasta que lo domines. Luego lo puedes hacer el tiempo que sea necesario para estabilizar la situación que deseas equilibrar.

La Técnica

Para esta meditación te sientas cómodamente con los ojos cerrados y pides que la Luz te rodee, te proteja y te llene para los más altos fines, y te enfocas en tu propia respiración, inhalando y exhalando. Éste es el punto de referencia que usas, el punto focal en el que te concentras. Puedes encontrar que tu respiración se pone tan extremadamente lenta que te preguntarás cuándo tomaste la última bocanada de aire. Muchas veces cuando hago esta meditación, me encuentro respirando una vez cada cuatro o cinco minutos. Cuando se está en un estado de relajación y calma, no hay necesidad de grandes volúmenes de oxígeno, pues tu cuerpo seguirá respirando dentro de la conciencia superior.

Puedes concentrar tu respiración en el chakra del estómago, el pecho, la nariz, la garganta, la boca: donde sientas tu propia respiración. Podrías no enfocarte en ninguna parte del cuerpo, sino simplemente sentarte y tomar conciencia de tu respiración. No es necesario tener pensamiento alguno. Es bueno inhalar por la nariz y exhalar por la boca para obtener el mayor beneficio. Si tienes que toser o aclarar tu garganta, siéntete libre de hacerlo. Eso no perturbará la meditación y muchas veces es una forma de liberar las tensiones del cuerpo.

MEDITACIÓN DE LA RESPIRACIÓN

Si llegas a un bloqueo en el fluir de la energía que parece no disiparse, sólo continúa concentrándote en tu respiración. Regístralo como un punto de referencia. Puedes empezar a escuchar sonidos dentro de tu conciencia. No permitas que eso te distraiga o te moleste. Mantén la atención en tu respiración. Es posible que te empieces a mover dentro de tu propia conciencia y que de pronto te encuentres completamente de vuelta en el mundo físico. Es fácil que pienses que no estás logrando nada cuando esto te suceda, pero no dejes que eso te detenga. Este ejercicio permite un movimiento interno y externo, así que vuelve nuevamente a tu respiración. Concéntrate en ella. Es posible que en los primeros cinco minutos más o menos puedas volver a tu interior sin mayores dificultades; pero después, en los siguientes diez minutos, que te pongas inquieto y trates de averiguar por dónde ibas. Tal vez pierdas la noción de que estabas haciendo una técnica de respiración, y que en el trayecto hayas querido cortar las margaritas o admirar las maravillosas luces. Éstas son todas ilusiones y distracciones en el proceso. El sentido de este ejercicio es tranquilizarte. A medida que te vayas tranquilizando, estas cosas dejarán de ser una distracción.

Veinte minutos de esta meditación pueden hacerte sentir como si hubieras tenido un sueño reparador. Si te levantas en la mañana y te sientes cansado, tómate unos cinco o diez minutos y, permaneciendo sentado, concéntrate en tu respiración. Esto puede ayudarte a hacer circular la energía en tu cuerpo de una manera alineada para que tengas un día activo y productivo.

Si empiezas a ensoñar o a enfocarte en imágenes mientras haces este ejercicio, es señal de que has dejado de concentrarte en tu respiración. Durante esta meditación podrías experimentar cosas extrañas cuando las tensiones acumuladas y los bloqueos condicionados comienzan a romperse. La liberación de esto puede producir imágenes inusuales que cruzan como destellos por tu conciencia. No tienes que hacer nada al respecto. Simplemente sigue enfocándote en tu respiración. Podrías sentir tu cabeza cada vez más liviana como si te estuvieran elevando y es porque tu conciencia se está expandiendo. Puede que empieces a mecerte con la energía de la Luz que está presente. No trates de detenerlo. Lo que tienes que hacer es bien simple: enfócate en tu respiración. Y si la energía sigue con ese movimiento de vaivén, está bien. También puede que sientas actividad en el área del tercer ojo de la frente, entre los ojos. No te quedes atrapado en esa sensación. La mejor técnica es mantenerte enfocado en lo que es más familiar para ti, es decir, en tu propia respiración. Usas la familiaridad con tu respiración como punto de referencia al viajar hacia tus propios reinos internos.

La idea es que a pesar de cualquier cosa que veas, de cualquier cosa que escuches, de cualquier sensación que tengas, de lo que sea que experimentes, mantengas tu respiración estable y la uses como un punto de concentración, como un punto de referencia que se mantiene constante, mientras todas las cosas cambian. Te sorprenderás de la paz y la calma que produce este ejercicio.

4
Los Tonos Sagrados

En la Biblia está escrito que Dios pronunció el Verbo y se hizo la Luz, y la Biblia también nos indica que el Verbo se hizo carne. Esa primera Palabra que se manifestó en la creación fue el nombre de Dios. Cuando se pronuncia el nombre de Dios, esto envía corrientes de energía que producen cambios en la estructura de los electrones. Cambia la creación. La esencia espiritual se condensa y se materializa. Por ello, esta palabra o sonido es una fuerza muy poderosa, y también puede ser una fuerza muy sutil.

Un mantra es un sonido específico o un tono que al ser pronunciado o cantado, puede invocar una esencia espiritual. Un mantra puede pronunciarse en voz alta o internamente. Muchas veces, las personas me ven sentado en silencio y podrían pensar que estoy dormido o descansando, pero no, estoy cantando el nombre de Dios, elevando la frecuencia de mi cuerpo. Esto es distinto a elevarse fuera del cuerpo y estar en la unidad espiritual, que es comparativamente fácil. Para elevar de hecho la frecuencia del cuerpo físico, tienes que incorporar un elemento de elevación dentro de ti. Al repetir los tonos puros y sagrados en tu interior, te conviertes en la palabra, en esa frecuencia. Cuando te conviertes en eso, te has elevado a ti mismo hacia otra dimensión.

Muchos grupos usan mantras como una forma de meditación. Los mantras o tonos son sonidos que se originan en varias dimensiones y planos de existencia. Algunos se originan en lo que llamamos niveles inferiores: el astral, el causal, el mental y el etérico. Cuando los entonas, cada uno de ellos te eleva hasta el nivel donde se origina. La mayoría de los tonos que yo enseño se originan en los reinos puros de la Luz, en el Alma y por sobre ella. Cuando se entonan, ellos invocan la esencia de la pureza perfecta, de aquello que no tiene mácula, que no tiene pecado y que es puro en todo sentido.

Al cantar los tonos sagrados, incorporas la esencia de la pureza en ti, y esa pureza comienza a reemplazar la negatividad que normalmente se alberga adentro. Estos tonos son inmensamente poderosos. A medida que los entones, ocurrirán cambios en tu conciencia. Si en serio quieres convertir al Espíritu en una realidad que opere en tu vida, te sugiero que los entones de quince a treinta minutos al día. La práctica regular de esto puede producir cambios notables.

Al cantar estos tonos, pueden ocurrir diversas cosas. Todas las personas tienen experiencias diferentes. Explicaré algunas de las cosas que han experimentado las personas para que te suenen más familiares si te suceden. Puede que tú tengas experiencias similares, pero no precisamente las mismas que yo menciono. O puede que tus experiencias sean completamente distintas. Es importante que recuerdes que si no experimentas lo que yo describo, eso no significa que los tonos no estén funcionando para ti. Cada persona es única e individual, por ende, la experiencia de cada persona con sus ejercicios espirituales también es única, ya que los ejercicios espirituales reflejan tu propia realidad. Tu experiencia es tuya solamente y totalmente válida para ti. No trates de hacer que las experiencias que describo te ocurran a ti. Sólo utiliza lo que yo te diga de punto de referencia.

Podría parecerte que nada te sucede con estas meditaciones. Es importante saber eso para que no te hagas expectativas y no sientas que fallaste o te sientas decepcionado posteriormente. Estos tonos son de los reinos invisibles del Espíritu y funcionan para ti a nivel espiritual. Puede que simplemente no tengas la capacidad de reconocer lo que está sucediendo en los niveles superiores aún, pero eso no significa que no esté sucediendo nada. Cuando practicas estas meditaciones, te sintonizas con los reinos superiores y estás construyendo un puente de conciencia entre los lugares superiores y el mundo físico. Con la práctica te irás familiarizando más con tus propios reinos internos y con los reinos externos del Espíritu. Entonces, comenzarás a aplicar de vuelta esa conciencia en este mundo, si es para tu mayor bien. Lo importante en todo esto es tu intención de comprobar estas meditaciones haciéndolas lo mejor que puedas y monitorear tu experiencia. Luego, observar. Date el tiempo suficiente como para que puedas trabajar con ellas. Ten paciencia. Dedícate con devoción a tu propia elevación y a tu desarrollo.

Hay tres formas Maestras que trabajan con estos tonos y pueden manifestarse de dos maneras: puedes *oír* el tono, el sonido de Dios independientemente de tu propio cántico, o puedes *ver* la forma de Luz de la fuerza Maestra que está trabajando contigo. Puedes ver la forma como un punto de Luz verde, azul o dorado. Si ves el color violeta, puedes estar viendo la energía de la Conciencia del Viajero Místico que no tiene forma y va más allá de las formas Maestras que trabajan con los tonos. La Luz puede aparecer a una distancia entre treinta y cuarenta centímetros de tus ojos. Podrías ver una cara dentro de esa Luz, aunque no es lo usual. Al mover tu conciencia hacia afuera, hacia la Luz, puedes exteriorizar la conciencia, y si esto pasa, escucharás un pop o un chasquido al quedar libre de tu cuerpo. No dejes que eso te sobresalte ni te atemorice. Sólo sigue adelante. Puedes sentir que te elevas en conciencia. El área del tercer ojo o el chakra de la coronilla en la parte superior de la cabeza puede hormiguear o palpitar, lo que puede significar que te estás exteriorizando de esos niveles de tu cuerpo. Podrías sentir tensión en tu cabeza o en tus ojos. La visión puede que se te nuble un poco y tal vez te sientas algo mareado. Todas éstas son posibilidades y te las describo para que no te distraigan.

Cuando termines de hacer el ejercicio, puedes entonar el sonido "i" un par de veces como se describe en el Capítulo 1. También puedes beber unos sorbos de agua y cruzar tus pies o piernas para anclarte y alinearte nuevamente, quedando listo para funcionar en este mundo físico.

Debido a que estos tonos se originan en los reinos más elevados de la Luz, tienden a jalar tu conciencia hacia arriba. Es importante que no uses estos tonos cuando estés conduciendo un vehículo o trabajando cerca de maquinaria. No deben ser realizados jamás cuando necesitas estar totalmente presente y enfocado.

HU (pronunciado jiú en español)

El "HU" refleja un nombre antiguo del Dios Supremo. Invoca la pureza de ese Dios perfecto y puede ser entonado de diversas maneras. Una es separarlo entre las letras "H" (eich, pronunciado en inglés) y "U" (iú, pronunciado en inglés), entonando un largo "eich" y cambiando luego a "iú". Si estás entonando en voz alta, respira hondo y al soltar el aire, entona "eich..." "iu...". Si estás cantando en silencio, cuando inspires, entona "eich" y al expulsar el aire, "iú". Otra manera de hacerlo es pronunciar el "HU" como una sola sílaba (jiú, en español) y entonarlo cuando sueltas el aire.

Después de pedir la Luz para el bien mayor, una manera muy efectiva de trabajar con esto es inhalar hondo algunas veces antes de comenzar con el cántico. Inhalas y exhalas cinco veces, sintiendo cómo tu cuerpo se llena con la energía de la Luz en cada respiración, poniéndote en un estado de calma y conectándote con tu centro al respirar. Luego de las cinco respiraciones, comienza el cántico inhalando y entonando el "HU" al exhalar. Hazlo durante cinco respiraciones. Luego, repite el proceso: cinco respiraciones sin el cántico y cinco con él. Repítelo una vez más, cantando en total quince veces el "HU". Esto acumulará una energía muy grande. Después de haber hecho la serie de quince veces, te sugeriría esperar por lo menos unos quince minutos antes de empezar de nuevo, y probablemente no sea conveniente hacerlo más de dos veces al día.

Este tono puede cantarse en silencio como un cántico sin fin, casi en cualquier momento y en cualquier lugar, *excepto* cuando hagas algo que requiera de tu total atención, como cuando conduces un automóvil u operas una máquina. Realmente puede ser muy útil para centrarte y equilibrarte.

Recuerda anclarte diciendo el sonido "i" (ver el Capítulo 1), bebiendo algunos sorbos de agua o estirándote un poco al finalizar el ejercicio.

ANI-HU (pronunciado anai-jiú en español)

El "ANI-HU" es una variante del cántico del "HU". Si vas a cantarlo en voz alta, cántalo al exhalar; si lo vas a hacer en silencio, puedes cantas "ANI" (pronunciado anai) al inhalar y "HU" (pronunciado jiú) al exhalar. También puedes cantar el tono completo al exhalar. Puede que lo hagas de una forma un día y de otra al día siguiente. Estos tonos te permiten flexibilidad en cuanto a su uso. Trabaja con ellos de la forma como mejor funcionen para ti.

El cántico del "ANI-HU" también es una invocación a la pureza del Dios Supremo, pero tiene una dimensión agregada que aporta la cualidad de empatía con otros. Al cantar este tono, sentirás que la sensación de empatía se incrementa, por ello es muy hermoso cantarlo en grupo, como un sonido continuo y constante. Cuando el grupo es grande, puede empezar a escucharse como "And I – You" o "You – and I" ... "ANI-HU".[2]

---

[2] N.d.T: *"And I – You"* y *"You – and I"* se traducen respectivamente como "Y yo –tú" y "Tú – y yo". Para mayor información sobre la cualidad de empatía que aporta el cántico del "ANI-HU", consultar los Recursos y Materiales de Estudio Adicionales al final del presente libro.

HOO (pronunciado jú en español)

El cántico del "HOO" es una frecuencia muy similar al "HU", siendo una vibración ligeramente más baja que el "HU" o que el "ANI-HU". Algunas personas se sienten más sintonizadas con uno y otras con el otro, y tambien se pueen usar indistintamente. El "HOO" se canta como un tono de una sola sílaba y es usado en grupos como un tono continuo y constante. Mientras se canta, el enfoque y la concentración se ponen en el centro de la cabeza, por ello, las energías dispersas del cuerpo (sexual, física, emocional y mental) son elevadas y alcanzan un equilibrio mayor.

Este tono puede ser de mucha utilidad si te sientes disperso y quieres tener una sensación de mayor unidad y alineamiento interior. Si te tomas un par de minutos contigo mismo para pedir la Luz y en silencio cantas el "Hoo", tal vez sientas que la sensación de estar disperso se disipa y es reemplazada por una sensación de paz interior. Para lograr los mejores resultados, conviene mantener el foco en el centro de la cabeza.

Puedes cantar estos tonos por períodos cortos al principio, e ir incrementando el tiempo a sesiones más prolongadas, tal como lo harías con los ejercicios físicos. Puedes comenzar con dos o tres minutos y aumentar hasta llegar a diez, a quince minutos, o más. Yo sugiero que con el tiempo llegues a hacer ejercicios espirituales dos horas al día. Mucha gente lo ve como un imposible, pensando que nunca podrían incluír dos horas más en su ya apretada agenda. Los ejercicios espirituales tienden a restaurar tu energía en vez de agotarla. Debido al carácter energetizador de estos ejercicios, es posible que empieces a necesitar dormir menos. Algunas personas se levantan más temprano por la mañana, hacen sus ejercicios espirituales y se sienten más descansadas y llenas de energía para las actividades del día, que si hubieran dormido. Éste es un proceso individual. Ten paciencia y sé consistente, mientras descubres lo que funciona para ti.

Como hacer ejercicios espirituales es un proceso vivo, puede que lo que te funciona ahora cambie con el tiempo. Tal vez llegues a hacer una hora diaria de e.e.'s (ejercicios espirituales) al día y encuentres que eso funciona para ti tan bien que lo mantienes por un tiempo. Luego, notas que no te sientes completo después de una hora o, de manera muy natural, simplemente permaneces haciéndolos más de una hora. Pon atención a la forma en que haces tus ejercicios espirituales, tanto en relación con la calidad como con la cantidad de los mismos. Mi sugerencia es que te relajes y que los hagas con devoción y amor, y con la intención de recibir el valor que es para tu bien mayor.

Recuerda anclarte diciendo el sonido "i" (ver el Capítulo 1), bebiendo algunos sorbos de agua o estirándote un poco al finalizar el ejercicio.

5
Meditación del RA

El tono "RA" es tan viejo como la primera palabra que se pronunció. Posee mucha energía. Cuando recién empiezas a aprender a cantar este tono, el poder que puede invocar en tu conciencia puede hacerte sentir un poco mareado o con náuseas, por eso te sugiero que no lo hagas muchas veces. Es un buen tono para usar si tu energía se encuentra baja y necesitas que empiece a fluir de nuevo. Es bueno usarlo si vas a hacer algo donde necesites fuerza física adicional, como al mover muebles o levantar algo pesado. Realmente te produce fuerza y energía en un instante.

Como mejor se canta este mantra es en voz alta, estando de pie. Si te resulta fácil, es bueno hacerlo frente a un espejo, aunque no es necesario usar el espejo para que el ejercicio surta efecto. La palabra es "RA" como cuando exclamas: "¡Hurrá!", pero para que sea efectiva, tiene que ser entonada de una forma muy particular. Respira hondo unas cuantas veces para tranquilizarte y centrarte. Pide que la Luz te acompañe para que te proteja y te guíe, trayendo presente el bien mayor. Inhala profundamente, sostén la respiración un par de segundos y luego, al exhalar, entona en voz alta: "RRRRRRAAAAAA", y al finalizar, expulsa completamente todo el aire que haya quedado en tus pulmones. Bota todo el aire hasta que sientas casi como que te fueras a derrumbar. Entonces, respira profundamente de nuevo y repite: "RRRRRRAAAAAA", y nuevamente expulsa todo el aire. Repite este ejercicio una vez más. Luego de la tercera vez, respira normalmente algunos segundos. A continuación, repite el proceso completo otra vez, entonando otra serie de tres "RA's". Haz la serie de tres "RA's" tres veces. Tres series de tres es la cantidad máxima que yo sugiero siempre, dado el poder de estas energías.

Cuando lo entones, hazlo en voz alta y con fuerza. Al hacerlo, siente cómo el aire sopla al salir. Siente el poder de esa palabra. Cantar este tono con vigor aumentará el poder que produce en ti.

Puedes percibir el poder y la energía que se acumulan al entonarlo de muchas maneras. Sentirás que tus dedos y manos te cosquillean con la nueva energía que has manifestado. Cuando la energía entre, tal vez te sucedan fenómenos no acostumbrados en la vista, como destellos de colores o de luz. Puede que tu visión se desvanezca y aparezca nuevamente. Si colocas tu mano a unos diez a quince centímetros de distancia sobre tu cabeza, es posible que sientas tu aura, ese campo de fuerza energética que rodea tu cuerpo.

Como una variación de esto, practícalo de pie con tus brazos relajados colgando a los costados. Al inhalar, levanta los brazos a los lados y manteniéndolos estirados hasta que se topen por encima de tu cabeza. Luego, cuando exhales, canta "RRRRRRA-AAAAA", manteniendo los brazos estirados y luego bájalos hasta que cuelguen relajadamente a ambos costados de tu cuerpo. Sentirás como el poder y la energía se incrementan aún más si lo haces de esta forma. Podrías sentir el campo de fuerza alrededor de tu cuerpo expandirse hasta llenar todo el espacio que describen tus brazos.

Este ejercicio puede expandir tu aura, aumentar la circulación y aportar vitalidad y fuerza tanto al cuerpo físico como a la conciencia. Este cántico es poderoso, aunque las energías puedan ser sutiles. Dado que estás lidiando con energía espiritual, que es invisible, puede que estés o no consciente del impacto de este ejercicio en lo físico. Puede que simplemente notes que tu nivel energético ha mejorado y que se mantiene estable por más tiempo que lo acostumbrado. Conviértete en un observador y ve cómo te funciona. Tal vez te parezca obvio, pero es importante que apliques la poderosa energía que despierta este tono. Jamás debes hacer este ejercicio y luego tenderte para relajarte, leer o hacer algo de naturaleza pasiva.

Recuerda anclarte diciendo el sonido "i" (ver el Capítulo 1), bebiendo algunos sorbos de agua o estirándote un poco al finalizar el ejercicio.

6
Meditación del So-Hawng

Existen frecuencias que puedes entonar que unifican la velocidad vibratoria mental y emocional. Estas frecuencias te ayudarán a estabilizarte donde te encuentres, de modo que puedas elevarte hacia una conciencia aún más elevada. Para prepararte para hacer este cántico, colócate en una posición de quietud para la meditación y pide que la Luz trabaje contigo y permita que suceda solamente aquello que sea para tu bien mayor.

Este es un tono que se hace mentalmente y en silencio. Una parte del tono es una frecuencia mental y la otra parte, una frecuencia emocional. Dices la primera parte al inhalar y la segunda al exhalar. El tono es "SO-HAWNG" (pronunciado sou-jang en español). Inhalas y cantas internamente "SO" (sou) y luego exhalas, cantando en silencio "HAWNG" (jang). Encontrarás que el canto empieza a acomodarse al ritmo de tu respiración. Tal vez experimentes sensaciones en tu cuerpo físico no acostumbradas, inclusive puedes sentir como que te va a dar asma, ya que si las emociones han estado reprimidas, el tono empieza a agitarlas hasta soltarlas. Sigue adelante. Todas las cosas que te han estado bloqueando eventualmente serán liberadas, y puede que te invada una sensación estimulante debido a la libertad que estás ganando en tu interior y a la frecuencia de este tono.

El "SO-HAWNG" toma los patrones de pensamiento y los patrones emocionales y los aproxima entre sí. ¿Has tenido alguna vez una sensación sin tener un pensamiento que le corresponda? Como si sólo sintieras ganas de llorar y no hubiera ninguna razón para sentirse así, o te sientes deprimido, pero no eres capaz de determinar el por qué. Ésa puede ser una sensación desagradable, porque te parecerá que no puedes hacer nada para cambiarla, no puedes ni siquiera identificar su origen. La meditación del "SO-HAWNG" es de gran ayuda en situaciones como ésta.

A veces, también sucede la situación a la inversa, donde tienes un pensamiento pero no tienes una emoción que le corresponda. Sabes que deberías trabajar en ese proyecto especial, o llenar el formulario de impuestos o limpiar el garaje, pero no tienes una sensación que lo acompañe que te dé la energía o el entusiasmo para hacerlo. Un pensamiento sin la sensación correspondiente y una sensación sin el pensamiento correspondiente.

El "SO-HAWNG" equilibra las energías mentales y emocionales entre sí y las armoniza, haciendo más fácil que seas productivo y activo en tu vida cotidiana.

Canta este tono mentalmente a tu propio ritmo. Trata de cantar entre cinco y diez minutos, o el tiempo que intuitivamente sientas que es adecuado. Si sientes que está surgiendo una perturbación, déjala ir y sigue cantando al ritmo de tu respiración. No tengas miedo de toser o aclarar tu garganta, ya que eso no interfiere con la meditación. Sé natural, ya que eso es parte de la acción de esta meditación.

Cuando hayas terminado de cantar, aquieta tu mente y quédate un momento en meditación silenciosa, observando lo que surja en tu conciencia y libera todo eso en la Luz para el bien mayor.

Debido a la naturaleza equilibradora de esta meditación, seguramente te sentirás estupendo cuando la termines, listo para ponerte de pie y acometer el día. Sin embargo, si lo necesitas, haz el sonido "i" que se explica en el Capítulo 1. También puedes beber unos sorbos de agua y estirarte un poco para anclarte.

7
Meditación del THO

La palabra "THO" (pronunciada dzo en español)[3] es muy poderosa y puede ser usada como mantra para traer sanación al cuerpo. Ha sido usada desde tiempos inmemoriales por los maestros de las escuelas místicas para producir una vibración de sanación. Al entonar esta palabra en la forma correcta, atraes hacia ti una frecuencia vibratoria de sanación. Ella aumenta la energía que tienes en ese momento y aporta una corriente de poder en tu conciencia. Esta palabra es sagrada, tal como el resto de los tonos y ejercicios que se enseñan en este libro. No deben ser tomados a la ligera ni usados con un propósito diferente al de elevar la conciencia.

Igual que en las otras meditaciones, empiezas por ponerte en un estado de quietud, pidiendo que la Luz te rodee, te proteja y te llene, y que la meditación te entregue aquello que sea para los más altos fines.

Para hacer surgir la frecuencia sanadora, el tono debe decirse de cierta forma. Es muy parecido a la idea del detector de voces: si la persona indicada —

---

[3] Pronunciado como el sonido "th" en inglés, o la "zeta" española, es decir, colocando la lengua entre los dientes y soltando el aire.

que conoce la "clave"— dice la palabra correcta, puede abrir la caja de seguridad. La misma palabra dicha incorrectamente no surte ningún efecto. El tono "THO" dicho incorrectamente no producirá ningún efecto. Dicho de la manera correcta es tremendamente poderoso.

Este tono va combinado con un patrón de control respiratorio. Tanto el tono como el control respiratorio son igualmente importantes para el resultado final. Inhalas profundamente, mantienes la respiración y luego exhalas completamente. Podrás comprobar que este tono es más efectivo cuando se inhala por la nariz y se exhala por la boca. Inhalas de nuevo, sostienes y exhalas completamente. En las primeras dos respiraciones, la exhalación debiera tomar el doble que la inspiración. La tercera vez, inhalas profundamente y luego exhalas con fuerza y energía, diciendo en voz alta "THoooo". El énfasis está en el sonido "TH" (zeta española) seguido de un sonido "o" sostenido. "TH" es un sonido percusivo y enérgico. El sonido "oooo" se sostiene durante unos segundos, y luego exhalas el resto del aire vaciando tus pulmones lo que más puedas. Respiras normalmente durante un minuto más o menos y luego repites la serie una vez más: tres respiraciones profundas, contener la respiración por unos pocos segundos y luego exhalar completamente, diciendo el tono "THooooo" en la tercera exhalación. Respira normalmente por un minuto y vuelve a repetirlo.

Te sugiero que no lo repitas más de tres veces en una sesión. Si lo estás haciendo correctamente, sentirás que se acumula un gran poder con sólo tres repeticiones. Es mejor hacer este ejercicio en voz alta para aprenderlo y sintonizarte con él. Una vez que te sientas bien sintonizado con este tono haciéndolo en voz alta, pasa a hacerlo en silencio y continúa aumentando tu sintonización de esta manera. Te proporcionará un gran poder hacerlo en silencio y en voz alta.

Cuando hayas terminado el tono, cierra los ojos, descansa en silencio y observa lo que suceda internamente. Considerando que éste es un mantra de sanación, es muy posible que veas el color verde. El principal color que surgirá es el verde. También puedes ver una tonalidad dorada o azul con el verde. En algunos casos, el verde se entremezcla con el azul y luce como color turquesa. Frecuentemente, se manifestará en patrones de movimiento giratorio, creando diferentes formas y remolinos de energía.

Este mantra aporta un poder de sanación, que al principio estará concentrado básicamente alrededor de la cabeza. Podrías sentir presión, pulsaciones, mareos, cierta liviandad en la cabeza, etc. Al sentarte en silencio y dejar que el poder trabaje, éste bajará a través de tu cuerpo y se concentrará en las áreas que necesitan sanación. Trabaja a través de todos los niveles de tu conciencia equilibrándolos, pero si quieres, puedes dirigirlo hacia las áreas que sientes desequilibradas con sólo enfocar tu atención en ellas, viéndolas sanas y en perfectas condiciones. No obstante, no dirijas esta energía hacia los ojos, porque ya está concentrada en esa área y una "dosis" adicional puede hacer que tus ojos se desenfoquen y eso te produzca mareos.

Cuando te sientes en meditación silenciosa después de entonar el "THO", puedes visualizar a otras personas con tu imaginación creativa, y este poder de sanación también irá hacia ellos. Este mantra es una fuerza muy poderosa, pues altera los patrones de energía alrededor de tu cuerpo. Por ejemplo, si te encuentras en una situación tensa en el trabajo, puedes cantar este tono internamente y con seguridad empezará a cambiar la energía a tu alrededor. Las cosas pueden comenzar a calmarse y a equilibrarse.

Recuerda anclarte diciendo el sonido "i" (ver el Capítulo 1), bebiendo algunos sorbos de agua o estirándote un poco al finalizar el ejercicio.

Recuerda que nunca debes usar estos tonos sagrados de Dios para imponer un patrón de control sobre nadie. Usa estos tonos para equilibrarte a ti mismo y para tu propia elevación. Y siempre practícalos bajo la protección de la Luz y para el bien mayor. Si eso brinda equilibrio y elevación a otros, estupendo. Pero si usas estos tonos con la intención de controlar a alguien, te estarás involucrando en magia negra. Dicha acción se te regresará para que la completes y es posible que eso no te guste. Se te hace responsable de tus actos. Hazte un favor y no caigas en esas cosas. Trabaja con estos tonos bajo la protección de la Luz para mejorar tu estado de salud y equilibrio, para expandir y elevar tu conciencia y para apoyarte en tu sendero de evolución ascendente hacia la realización de Dios.

8
Sondeo

El sondeo es una técnica que se usa para escanear un área y percibir lo que hay allí. En esta técnica, la conciencia actúa como una pantalla de radar. La técnica de sondeo es un ejercicio psíquico. Realmente no tienes que estar sintonizado espiritualmente para trabajar con él, pero el ejercicio es hermoso porque te demuestra que eres multidimensional y te hará consciente del tremendo potencial que tienes en tu conciencia. En este ejercicio, prolongas tu energía mental hacia afuera y percibes a través de ella. Es un método muy antiguo y muy efectivo. Fue usado por algunas civilizaciones antiguas como un sistema de advertencia temprano y efectivo; hoy en día puede usarse en forma similar.

Quizás lo mejor sea empezar de una manera bien simple para poder aprender esta técnica paso a paso. Recuerda que con este ejercicio, como con todos los demás, debes comenzar pidiendo que la Luz te rodee, te proteja y te llene, y que sólo suceda lo que sea para tus más altos fines. Luego te puedes relajar, sabiendo que estás protegido y a salvo y puedes fluir con tu experiencia.

Una buena forma de empezar es aprendiendo a escanear la habitación en la que te encuentras. Cierra los ojos y proyecta tu conciencia hacia arriba, hacia un punto por encima de tu cabeza. Puedes hacerlo imaginándote que te elevas por sobre la cabeza y observando tu entorno desde allí. Puede que al principio pienses que esto sólo está sucediendo en tu imaginación. Pero con la práctica, te darás cuenta de que tu conciencia realmente se traslada a las áreas que tú "imaginas".

Algunas personas se ven a sí mismas elevándose más arriba de su cabeza, de manera que su perspectiva de la habitación se eleva unos treinta centímetros por sobre el punto de vista físico acostumbrado. Otras personas sienten que se elevan y perciben la habitación desde esta nueva perspectiva. No existe una manera "correcta" de hacerlo. Diviértete explorando cómo funciona para ti.

Una vez que hayas elevado tu conciencia hasta un punto por encima de tu cabeza, envía un rayo de luz hacia un rincón. Repito, al principio puede parecer como que sólo te lo estuvieras imaginando y eso está bien. Ahora, haz rotar el rayo de luz hacia el rincón siguiente, y así sucesivamente, hasta que hayas tocado cada rincón de la habitación. ¿Qué es lo que captas? Puede que veas o percibas imágenes. Puedes tener sensaciones en tu cuerpo, como frío, calor, áspero, suave, rugoso, etc. No hay que hacer nada con la información; por ahora simplemente fíjate en lo que percibes.

A veces, cuando estoy acostado mirando televisión en mi cuarto y me gustaría saber la hora, pero no tengo ganas de darme vuelta y mirar el reloj, disparo mi conciencia por encima de mi cabeza, la giro y miro el reloj. No es tan claro como mirar el reloj fisicamente, pero al menos tengo la impresión o la imagen de la hora. Si quiero verificar la información, me doy vuelta y miro el reloj fisicamente, y si está dentro de un margen de uno o dos minutos, lo considero un éxito.

Puede que quieras escanear tu casa para saber quién está en cada habitación y qué están haciendo. Luego, vas y lo compruebas fisicamente para saber si acertaste. Durante un tiempo podría tratarse más de un proceso imaginativo que de un proceso de realidad, pero al seguir haciéndolo encontrarás que puedes apartar los elementos imaginarios y aprender a reconocer lo que es real, y tu precisión puede llegar a ser sorprendente.

La idea básica de la técnica de sondeo es proyectar la conciencia hacia arriba, a un punto entre treinta y cincuenta centímetros por sobre tu cabeza, luego, desde ese punto lanzas un rayo de Luz y empiezas a hacer girar ese rayo de Luz en tu entorno. Mientras aprendes a hacerlo, lo giras despacio, y a medida que te vuelves más diestro, lo trasladas más rápido. Con el tiempo lo rotarás tan rápido, que se verá como un círculo sólido sobre tu cabeza. Las personas que son clarividentes ven un círculo de Luz dorado sobre tu cabeza; como los rayos de una rueda que gira despacio, puedes ver el rayo de Luz individual girando lentamente. Pero cuando una rueda gira rápidamente, sus rayos se ven como si fueran una imagen sólida, al igual que el rayo de Luz que parece sólido cuando gira en forma rápida.

Cuando el rayo que estás rotando se encuentre con algo, ya sea una perturbación, una situación, un cambio de energía, saca el rayo de su curso hacia el origen de la perturbación y percibe de qué se trata. Cuando saques el rayo de su curso, hazlo sólo por una fracción de segundo, ojalá menos que eso realmente. Quédate con una imagen o una impresión, pero no rompas el proceso cíclico del rayo. Detenerte para percibir sería una distracción. Revisas la impresión mientras la pantalla de radar continúa su movimiento; luego, cuando vuelves al mismo lugar, lo chequeas de nuevo. De hecho, estás construyendo una serie de imágenes fijas, pero las estás viendo en una secuencia tan rápida que se fusionan como si fueran una película "en movimiento".

Tienes que estar muy consciente de ti mismo y de cómo te sientes para ser acertado con esta técnica. Si estás escaneando tu propia casa y de repente te sientes enfermo del estómago, debes determinar si esa sensación te pertenece o no. Antes de empezar el escaneo es bueno revisar tus propios niveles y ver si estás despejado física, emocional y mentalmente. Si no te sientes claro en un nivel, tómate un momento para identificar el área de la perturbación de modo que tengas un punto de partida para trabajar. De ese modo, si coges algo durante el ejercicio, podrás discernir si es tuyo o no. Si estás claro y durante el proceso de sondeo comienzas a sentirte enfermo, pregunta en tu familia si hay alguien que se sienta mal.

A veces, cuando practicas el sondeo y recoges información, estás percibiendo cosas a nivel psíquico, y los eventos pueden manifestarse psíquicamente antes de aparecer en el nivel físico. Mantén un registro escrito de tus impresiones. Si coges un dolor de estómago y todos en casa se sienten bien, anota esa impresión especificando el día y la hora; ese dolor de estómago podría aparecer físicamente a las pocas horas o a los pocos días. Llevar un registro de este tipo puede ayudarte a determinar cómo te funciona esta técnica.

Cuando empieces a tener éxito al escanear tu habitación o tu casa, expande el área de sondeo y abarca el terreno donde se encuentra tu casa y tal vez algunas manzanas alrededor de ella. Con esta técnica podrías empezar a percibir a personas que vienen a visitarte antes de que lleguen a tu casa, a tu esposa que viene de vuelta del trabajo, o a los niños que están jugando afuera.

Muchos padres están sintonizados intuitivamente con sus hijos. El padre puede estar en casa, pero si el niño se lastima a tres cuadras, él lo sabe. O si el niño tiene una pelea, los padres saben que algo anda mal. Están haciendo un sondeo inconscientemente. Todos podemos hacer este proceso a nivel inconsciente hasta cierto punto. Esta técnica desarrolla esa capacidad innata para que la puedas practicar de forma consciente.

Al empezar a expandir gradualmente los alcances de tu sondeo, cada vez es más importante que mantengas un diario de tus impresiones y de las imágenes que percibas. Mientras más territorio cubras, todo se volverá más complejo. Puedes comenzar por sondear un estado o provincia completos, o el pais. En ese caso, puede ser útil usar mapas que te den una imagen visual de las áreas involucradas. Al ampliar el sondeo para abarcar la ciudad, el estado, el pais o el mundo, empezarás a sintonizarte con todo tipo de cosas. Cuando sondeas a larga distancia puede resultar difícil diferenciar entre un estado y un país, o entre diferentes países. Por eso, es importante revisar los periódicos cuidadosamente durante un tiempo para ver qué está sucediendo y comprobar si la información coincide con tus impresiones. Debes empezar por recopilar un historial. A medida que vayas registrando tus impresiones, es posible que al principio te sientas que estás "loco de atar", pero con la práctica podrás empezar a diferenciar lo que es realidad de lo que es fantasía.

Quizás, un día determinado en tu sondeo percibas un terremoto en algún lugar del sur. Anótalo en tu historial: "Terremoto, posiblemente en México o en Sudamérica", y dos días después lees en los periódicos que hubo un terremoto en Chile. Lees tu registro y te das cuenta de que acertaste en tu experiencia de sondeo. Si vives en Bogotá y el terremoto fue en Perú, puedes considerar que la percepción fue correcta. Con la práctica serás capaz de señalar los lugares con mayor precisión. Al principio, los lugares serán bastante generales.

Cuida de no tomar algo de tu interior y proyectarlo externamente en otra cosa. Ha habido psíquicos que han predicho grandes terremotos para un momento determinado y luego, a nivel personal, experimentan un trauma o enfermedad en el lapso de tiempo predicho.

Años atrás hubo una psíquica que predijo un tremendo terremoto en California, creando un patrón de temor entre las personas que lo tomaron en serio. La psíquica tuvo un ataque cardíaco justo en el momento en el cual había predicho que iba a suceder el terremoto. El terremoto había sido para ella. De alguna manera, la persona percibió el evento con exactitud, pero tomó su percepción de una experiencia personal y la proyectó en un evento externo. En ese sentido fue inexacta. Por eso es que debes aprender a diferenciar entre tus experiencias personales y las demás que ocurren en el mundo físico. ¿Cómo lo haces? Registrar tus percepciones en un diario es una clave. Al anotar tus impresiones y corroborarlas con eventos físicos desarrollarás un sentido para lo que estás percibiendo.

Tienes que ser un "supercientífico" en todo esto. Observa lo más objetivamente que puedas y anota tus observaciones. Sigue observando, revisa las noticias y ve si hay algo que coincida con tu sondeo. Si no aciertas, no importa; sé honesto y admite que fallaste, pero sigue el desarrollo de los eventos, porque puede que más adelante descubras que, después de todo, acertaste. Son muy pocas las cosas con las que no puedes contactarte a nivel psíquico. Hace muchos años, estaba yo sondeando y me encontré con un libro que había escrito un profesor sudamericano, un libro que haría un aporte notable en el mundo. Se lo comenté a algunas personas, quienes trataron de conseguirlo pero no les fue posible, por lo que pusieron en duda mi credibilidad. Más adelante supe que el libro realmente existía, pero que había sido confiscado por el gobierno y no había ejemplares disponibles.

Puedes engañarte con estas impresiones, puedes quedar atrapado por la ilusión, puedes usar tu imaginación e inventar todo tipo de imágenes, pero si eres honesto contigo mismo, serás el primero en saber cuándo estás inmerso en una ilusión porque no podrás comprobar tus descubrimientos. En tanto mantengas un historial, leas las noticias y verifiques las impresiones más inmediatas con tu familia o amigos, sabrás si estás tratando con la realidad o con la imaginación. Pero tienes que recordar que siempre hay una razón para que imagines lo que imaginas, y no imaginar otra cosa. Es posible que estés accediendo a un reino psíquico un poco más elevado, donde algo puede estar completo ya, pero no se ha materializado físicamente aún. Es posible que sea algo que no suceda hasta dentro de nueve o diez meses. Ésa es la razón de llevar un registro. Puede que un día leas el diario y reconozcas algo en las noticias, entonces revisas tu diario y encuentras un anotación de ese evento hecho meses atrás. Como el tiempo es algo relativo, los eventos y tu percepción de ellos pueden suceder simultáneamente en el reino donde los percibes, pero tener lugar en otro momento en este plano físico.

Te puedes volver tremendamente acertado en tus sondeos si los practicas. Quizás las primeras dos mil veces no tengas éxito, pero llegará el momento en que sí. Si deseas tener éxito, persevera. Cuando yo empecé a hacerlo, olvidé lo que había visto en mis sondeos probablemente las primeras cien veces, pero después comencé a recordar. Cuando verdaderamente captas algo, sientes una felicidad enorme internamente, pero tal vez sientas algo de temor. En ese caso, recoge el rayo y evita la zona que te atemoriza y cuando recuperes el equilibrio, vuelve a extenderlo.

Hazlo a tu propio ritmo. No pienses que debes volverte un experto hoy mismo, porque tal vez requieras años de práctica.

Ten presente cuando utilices esta técnica, así como todas las demás, que debes usarla para los más altos fines. Eso significa que no debes usarla para violar la privacidad ni la conciencia de nadie. Si la usas y te conviertes en el "mirón" del barrio, la acción se te devolverá de maneras un tanto extrañas. Nada en esta vida es gratis. Si usas esta técnica de una manera incorrecta, acumulas karma para ti mismo y se te pedirá cuenta de ello. Utilízala para elevarte a ti mismo y para progresar tú, y también para elevar a otros; así estarás en buen pie.

Cuando trabajes con la técnica del sondeo, haz el escaneo con los ojos cerrados para que tengas menos distracciones con los objetos físicos y el movimiento. Te sugiero que no lo practiques por más de quince o veinte minutos al día. La sensación de rotar la pantalla de sondeo rápidamente puede producirte mareos o darte dolor de cabeza. Esas sensaciones pueden ser producto de demasiada energía, de modo que si eso te ocurre, simplemente deja de hacerlo y regresa a tu conciencia física normal, anclándote con el sonido "i" (ver el Capítulo 1), bebiendo algo de agua o estirándote un poco.

Mientras estás haciendo el sondeo, de hecho puedes sentir que tu conciencia se orienta hacia tu interior. Tu cuerpo astral podría querer seguir el escaneo y eso producir sensaciones bastante peculiares. Es como subrise en una montaña rusa. Puede que veas y sientas todo tipo de cosas. Sigue adelante, ya que detenerte sería una distracción. Cuando pares realmente, finaliza el ejercicio y prosigue con tus actividades físicas cotidianas. Puede que quieras o no trabajar con esta técnica de forma regular. Las habilidades que ella desarrolla pueden ser útiles y la potencialidad de tu conciencia multidimensional que la misma te demuestra, puede ser muy valiosa.

9
Meditación de la Llama

Necesitas una vela que sobresalga de su receptáculo,
un reloj o un cronómetro.

La meditación de la llama trata con energías del fuego muy específicas y poderosas. Es interesante hacer notar que el fuego es siempre un arma de doble filo. El fuego puede usarse con propósitos nobles como cuando se lo usa para cocinar, dar calor, construir, decorar o embellecer y con toda seguridad tú mismo has disfrutado del confort que implica sentarse frente a una chimenea encendida. Pero cuando está fuera de control, el fuego es una de las fuerzas más destructivas que existen. Por ello, ante cualquier meditación que use el fuego como punto de concentración, procede con extrema cautela; te sugiero que trates siempre con respeto esa fuerza con la que estás trabajando y apliques tu sentido común al manejarla.

Para esta meditación consigue una vela que sea más alta que el receptáculo que la sostiene, de modo que puedas ver la llama claramente. Aparte de eso, importa poco qué tipo de vela uses: gruesas, delgadas, o cirios pequeños. Cualquiera está bien, siempre que no esté embutida en un candelabro que te obligue a mirar la llama hacia abajo. Tienes que poder ver la llama fácilmente mirando hacia el frente.

Para la meditación, puedes sostener la vela o encontrar algo donde apoyarla para que quede al nivel de los ojos. Es mejor tener un lugar donde apoyarla pues eso descarta el riesgo de que la vela se caiga cuando te metas en tu meditación. Nunca hagas esta meditación en la cama o en un lugar donde haya peligro de incendio. Siempre apaga la vela tan pronto termines con la parte de la meditación que utiliza la llama.

Es conveniente que también coloques un reloj a la vista para que puedas ver con facilidad cuánto tiempo ha transcurrido, o que uses un conómetro. Una vez que tengas la vela y el lugar para tu meditación, enciende la vela, siéntate cómodo e invoca la Luz para que te proteja, pidiendo que la meditación manifieste sólo aquello que sea para tus más altos fines. Si quieres, puedes colocar música suave de fondo. Aunque esto no sea imprescindible, puede ayudarte a mantener un punto de enfoque y actuará de referencia en el ritmo de tu mente.

Empieza a mirar la llama, poniendo tu conciencia delante de ese punto de Luz. Fíjate en lo que sucede dentro y alrededor de la llama y observa las sensaciones y reacciones de tu cuerpo. Es muy importante que mientras estés mirando la llama no te permitas caer en estado de trance. En este ejercicio es fácil que eso suceda, por lo que es importante que mantengas la energía fluyendo hacia afuera, en dirección a la llama, o que la mantengas fluyendo hacia arriba. No dejes que la energía se vaya hacia adentro de tu conciencia. Si sientes que tu energía está empezando a caer o a disolverse hacia adentro, apaga inmediatamente la vela y deja la meditación. Estas energías no deben utilizarse de manera incorrecta, y caer en trance no es el estado más positivo o elevador del ser, pues no producirá la liberación positiva del karma emocional, que es para lo cual ha sido diseñada esta meditación. De hecho, podría aumentar el karma y confundir tu conciencia, por eso es sumamente importante que vigiles esa posibilidad con mucha atención y mantengas la energía fluyendo hacia arriba y hacia afuera, y dejes la meditación tan pronto sientas que la energía se está yendo hacia adentro. Eso lo sabrás. Puedes sentir si estás cayendo en trance. Si eres capaz de volver a subir la energía y a enfocarla externamente en la llama, no hay problema, pero si no lo puedes hacer, deja la meditación.

La meditación de la llama tiene como propósito liberar muchas de las áreas emocionales de tu conciencia. Es bueno hacerla si te sientes irritado, molesto o furioso; en otras palabras: desequilibrado emocionalmente. Al poner tu atención en la llama, esos aspectos emocionales pueden empezar a agitarse dentro de ti y es posible que caigas en estados de perturbación o desesperanza a medida que las confusiones de tu vida salen a la superficie para ser purificadas en el fuego del Espíritu, simbolizado por la llama. Podrías experimentar muchos, muchos sentimientos. Sólo obsérvalos, concéntrate en la llama y suelta todos esos sentimientos hacia la Luz. Conviértete en un canal neutro a través del cual puedan salir las emociones para ser limpiadas. Podrías sentir un tirón o una sensación de pulsación en el área de los ojos, entre ellos y en la cabeza. Tal vez te lloren los ojos o se te nuble la vista. Todo eso es parte del proceso de liberación y elevación hacia una percepción y conciencia más elevada.

Mientras miras la llama, notarás que se dispara muy alto o que empieza a titilar con mucha intensidad por unos instantes, para luego volver a quemar normalmente. Hay varias explicaciones posibles. Una podría ser que lo produzca algo en el pabilo de la vela, y en ese caso, tal vez quieras cambiar la vela, si eso te distrae. Si no es el pabilo, podrías ser tú quien está agitando la llama con tu respiración; si es así, respira más suavemente o aleja la vela para que tu respiración no la afecte. Y si no es ni el pabilo ni tu respiración, es posible que sea la energía presente la que está causando la titilación, haciendo que la vela produzca una llama inusualmente alta. Podría ser simplemente el poder de tu conciencia al proyectarse sobre la llama. Al proyectar tu energía hacia la llama, puede que la hagas crecer unos centímetros y que la hagas bajar al redirigir la energía; eso te dará una indicación de lo que estás haciendo.

La llama quema la energía sobrante. Ésa es una de las razones por las cuales es bueno tener una vela encendida en tu hogar, ya que quema o transmuta el exceso de energía, y es particularmente útil si alguien está expresando inestabilidad emocional de algún tipo. En esos casos, la persona suelta el exceso de energía en el ambiente. La vela la ayuda a equilibrarse y a mantenerte a ti al margen para no coger la energía negativa.

La llama tiene un campo de energía y, al contemplarlo, puedes empezar a percibir los colores de ese campo de energía. Podrías ver los colores en la parte exterior de la llama, los que siguen muy de cerca la forma de la llama, o podrías verlos como un brillo circular que la bordea y que se extiende más allá de la llama. Puedes verlos como un halo circular en la cúspide de la llama o en el patrón de refracción del calor encima de ella. Los colores primarios que verás son verde, azul y rojo; también puedes ver el color violeta si te sintonizas con la frecuencia espiritual. También puedes llegar a ver incluso un arco iris de colores dentro de la llama.

Existe una fuerza dévica que actúa con la llama, una fuerza de vida, una conciencia que proviene del reino de los devas (la parte inferior del reino de los ángeles) y que es parte de la existencia del fuego. ¿Recuerdas la historia bíblica del profeta que fue arrojado al fuego para ser quemado? Apareció un ángel que lo protegió para que no fuera dañado incluso en el medio de las llamas. Ésa fue una forma de un elemental del fuego o de un ángel del fuego; ellos existen y tienen dominio sobre el fuego, lo pueden controlar así como todas sus funciones. Hay personas que están sintonizadas con esas formas del fuego y pueden trabajar con ellas. He conocido a personas que son capaces de eliminar quemaduras del cuerpo, porque trabajan con los señores del fuego. En las culturas antiguas, casi siempre se adoraba a los dioses del fuego. En Hawái, se le rendía culto al dios del volcán, que era una forma del dios del fuego. Estas fuerzas existen ciertamente y se puede establecer comunicación con ellas.

Cuando contemples la llama de la vela, es posible que veas aparecer la deva del fuego. Aparecerá como una figura pequeña con forma casi humana, pero hecha de fuego. Puede que parezca que posee brazos, piernas y cabeza, y titilar y retorcerse al ritmo de la llama. Puede ser transparente, puedes verla en el borde de la llama o en su cúspide, e incluso, a veces, manifestarse ligeramente más arriba de la punta de la llama o en el área más oscura de su centro. Puede aparecer y mantenerse inmóvil por un instante, o simplemente destellar por un instante. Algunas personas han descrito a un "pequeño hombrecito" con cabeza y brazos, pero sin piernas. Algunos lo describen como una luz extraña dentro de la llama que titila de un lado para el otro. Otros lo han visto con tanto detalle, que hasta han apreciado sus facciones. La experiencia de cada persona es un poco diferente. Tú podrías verlo o no, pero si lo haces, estas descripciones te servirán de punto de referencia para reconocer de qué se trata.

La única restricción a la que está sometido el ser humano es a su propia duda y falta de confianza en su capacidad de hacer lo que quiera. En tu conciencia no existen restricciones y por eso puedes hacer esta meditación con éxito. La conciencia de la deva del fuego es restringida y en consecuencia debe permanecer dentro del patrón de energía del cual extrae su existencia. Tú, en cambio, puedes trasladar tu conciencia allí y contactar a su ser. Puedes comunicarte con ella en sus términos. Puedes acceder a cualquier patrón de energía y percibirlo directamente porque eres dios, pero no el Dios Supremo, aunque sí una prolongación directa de Dios. Eres flexible y multidimensional, pero debes desarrollar la conciencia de la totalidad de tu ser. Estas meditaciones son de gran valor porque expanden tu conciencia hacia todos los niveles de tu existencia, y aumentan tu flexibilidad para viajar de un estado de conciencia a otro.

Practicar la meditación de la llama puede tener un efecto directos sobre tu estado de sueño. Por lo general, aumentará tu conciencia de tus sueños y podrás recordarlos mejor que lo que normalmente lo haces. Tus sueños pueden tener un carácter inusitado después de hacer esta meditación. Podrías soñar con incendios y sentir mucha inestabilidad emocional en tus sueños. No te preocupes. Las emociones se están liberando y te estás equilibrando a nivel emocional. Ése es uno de los mayores beneficios de esta técnica.

Dado que es una técnica muy poderosa, te sugiero que la practiques con cautela. La primera vez no la hagas por más de cinco o diez minutos. La energía que aporta este ejercicio y los patrones kármicos que se liberan son mucho más dinámicos de los que estás acostumbrado a manejar. Haz la meditación durante cinco o diez minutos y a continuación fíjate en tu patrón de sueños y en tu estabilidad emocional. Deja de hacer la meditación por unos días si las cosas se complican un poco o te descompensan. Dale tiempo a las cosas para que se estabilicen, y luego vuelve a practicarla. Si todo anda bien, sigue adelante y haz la meditación por un tiempo más prolongado. Nuevamente, observa tu patrón de sueños y si las cosas se descompensan otra vez, deja de hacerla por unos días. A medida que te vayas acostumbrabdo a estas energías más elevadas, podrás hacer la meditación durante períodos más largos de tiempo, pero te sugiero que nunca la hagas por más de veinte minutos al día.

Al observar la llama, puedes caer en un estado casi de sueño. Está bien que sigas las imágenes que te llegan, en tanto mantengas la energía fluyendo hacia arriba y hacia afuera. Observa las imágenes y dirígelas hacia afuera, en dirección a la llama. Puede que estés recordando algo de tu vida presente, o retrocediendo a situaciones que te ocurrieron cuando eras apenas un niño. Si sigues retrocediendo en el tiempo, viéndote más y más joven, de pronto podrías salir de esta vida y entrar a otra, y recordar cosas que no te ocurrieron en esta vida. Es posible que accedas a los registros Akáshicos, que contienen un registro de toda tu existencia. Si te ves atrapado en patrones de recuerdos, simplemente fluye con ellos. Al aparecer esas imágenes y recuerdos de tus existencias pasadas, déjalas ir. Libéralas en la llama y ve cómo se purifica y limpia tu conciencia.

Cuando hayan transcurrido de unos cinco a diez minutos, o si sientes que se te cierran los ojos o que tu conciencia empieza a retraerse hacia adentro en vez de hacia afuera, en dirección de la llama, apaga la vela, relájate y cólocate en un estado de meditación silenciosa. Con los ojos cerrados, observa cualquier cosa que aparezca en la pantalla de tu ojo interno. Mantén los brazos y las piernas descruzados para que la energía fluya libremente. Puede que veas representaciones o formas raras, o luces extrañas, sólo déjalas fluir y ni siquiera tienes que preocuparte de qué se trata. Tal vez veas la deva del fuego en esta parte de la meditación. Simplemente reconoce su presencia y envíale la Luz y tu amor. Si vieras imágenes de vidas pasadas durante esta parte de la meditación, bendícelas y bendícete a ti mismo con la Luz y déjalas ir. Este proceso puede producir una gran sanación y equilibrio.

Después de unos minutos, sentirás intuitivamente que la energía de la meditación se eleva y sabrás que la meditación ha terminado. Recuerda anclarte si te sientes volado y tienes dificultades para moverte. Vuelve al Capítulo 1 y ve cómo usar el sonido "i" y practícalo, bebe unos sorbos de agua y estírate un poco para realinear tu energía y anclarte otra vez en este reino físico. O quizás quieras entonar el tono "RA" un par de veces para cargarte de energía. Experimenta y descubre lo que mejor funcione para ti.

10
Meditación del Agua

Necesitas: dos vasos de tamaño normal
agua
iluminación suave

El cuerpo físico tiene un campo de fuerza electromagnético que lo rodea y si te sintonizas con él, puedes detectar la energía. Algunas personas pueden verla y otras sentirla. Recientemente, una cantidad de grupos de investigadores han empezado a estudiar y fotografiar los patrones de energía del cuerpo. Mediante películas y técnicas especiales, han logrado fotografiar esta energía saliendo de la punta de los dedos y de otras partes del cuerpo. Han podido registrar diferentes patrones de energía en personas sanas y enfermas, equilibradas o desequilibradas emocionalmente, enojadas, asustadas o calmadas. Distintos estados físicos, emocionales y mentales de ser pueden afectar este campo de energía. Existen muchas variables que cambian y alteran los campos de fuerza electromagnética del cuerpo. Los resultados de estas investigaciones han eliminado cualquier duda acerca de la existencia de esta energía electromagnética. Con la práctica, puedes llegar a estar más consciente de ella y aprender a sintonizarte con ella y con los colores que emana.

En la meditación del agua usamos el agua como punto de referencia para detectar dicha energía. En este ejercicio, es más fácil tener un punto de enfoque con el cual relacionarte que sea externo a ti. Al poner tu conciencia y atención en el agua, empiezas a construir el poder del campo de fuerza magnética, siendo capaz así de percibirlo más directamente. Puedes sentir la energía electromagnética, percibir o ver los colores del aura o el cuerpo etérico. Al acumular energía alrededor y dentro del agua, magnetizas el agua. De hecho, la cambias con tu energía y puedes incluso detectar los cambios a través del sabor alterado del agua. Cuando el agua ha sido magnetizada, está en equilibrio con tus energías y beberla puede ser muy benéfico para ti.

Para hacer esta meditación, toma un vaso de tamaño normal. El vaso debe ser trasparente y no tener color; su forma no tiene importancia, siempre y cuando lo puedas sostener cómodamente. Llena el vaso hasta la mitad o tres cuartas partes con agua corriente. Busca un lugar donde puedas estar sentado cómodamente durante quince o veinte minutos. Parte de lo que va a suceder durante este ejercicio es que cambiarás tu visión normal y podrás percibir las otras frecuencias vibratorias. No puedes verlas con tu visión normal, ya que si pudieras hacerlo normalmente, pasarías viendo auras, el cuerpo etérico, etc. Pero puedes verlas, si alteras de alguna forma tu visión. Una luz muy brillante mantendrá el ambiente demasiado definido, así que sería útil bajar un poco la luz o sentarte de espaldas a ella para que no te distraiga. Si usas anteojos, prueba durante un rato con ellos puestos y luego sin ellos. Algunas personas lo prefieren de una forma y otras, a la inversa. No tiene importancia, lo que funcione para ti está bien y no altera el resultado de este ejercicio.

Antes de comenzar con el ejercicio, toma un pequeño sorbo de agua para probarla. Trata de recordar su sabor para poder hacer la comparación después, cuando termines la meditación. Una alternativa es tener un segundo vaso de agua de punto de referencia, pero es mejor que lo dejes en otra habitación ya que tus frecuencias "magnéticas" podrían afectarlo también.

Para la meditación en sí, sostén el vaso con ambas manos. Coloca tus ocho dedos en la parte frontal del vaso, alejándolo de tu cuerpo, acercando las puntas de los dedos pero sin que se toquen. Coloca los pulgares en la parte posterior del vaso hacia tu cuerpo, de manera que queden próximos, pero sin tocarse. Es importante que no superpongas los dedos, porque eso produce un cortocircuito en la energía magnética.

Hay dos líneas de fuerza magnética o de energía que circulan por el cuerpo, una a cada lado. Tan pronto como cruzas las manos, haces un cortocircuito entre ellas, como el que se produce cuando juntas dos cables eléctricos. Sin embargo, si mantienes estas líneas abiertas, la energía fluye sin interrupción y es capaz de aumentar su poder. Por la misma razón, es bueno tener piernas y pies descruzados.

Mantén el vaso a la altura de tu ombligo. Puedes sostenerlo lejos o cerca de tu cuerpo, como te resulte más cómodo. Sosteniendo el vaso, mira hacia abajo y contempla el agua, pero expande tu conciencia para incluir el perímetro del vaso, el espacio entre el vaso y tus manos, y entre tus manos y tus brazos. Relájate y trata de evitar la intensidad en tu contemplación; sólo mantén estable tu concentración.

Fíjate en cualquier cosa del entorno físico que pueda afectar lo que ves en el vaso o en el agua. Ve si tu ropa o tu entorno no emiten luz o color que pudiera reflejarse en el vaso o en el agua. Verifica todos los aspectos de tu entorno físico para que no te engañes pensando que estás viendo algo psíquico/espiritual cuando no es así.

Una vez que te hayas ocupado de esas cuestiones, empieza a enfocarte en el agua. Toma conciencia de la energía en las manos que rodean el vaso, toma conciencia de la energía que se transmite entre las manos. Podrías empezar a sentir un cosquilleo en tus manos y al proyectar la energía a través de tus ojos, es posible que estos empiecen a lagrimear o a arderte. Podrías sentir un cosquilleo o una sensación de pulsación entre los ojos; todo eso es algo natural en esta técnica. Estás trabajando con la energía de una manera a la que no estás acostumbrado y todo eso puede ser más poderoso que lo habitual.

Sugiero que hagas el ejercicio durante diez o quince minutos al principio, para que te des el tiempo suficiente de acumular la energía electromagnética y pasar más allá de tu visión y de tu percepción física. Tal vez eso te parezca mucho tiempo, así es que no te preocupes si ya a los cinco minutos "estás harto". Recuerda que estás trabajando con energías muy potentes de una forma poco común. Si quince minutos son mucho tiempo para la primera vez, déjalo y prueba de nuevo más tarde. Con la práctica, podrás aumentar gradualmente el tiempo de este ejercicio.

Déjame darte algunas ideas de lo que podrías ver al contemplar el agua. Lo primero que podrías ver es una bruma de color violeta azulado alrededor de tus manos. Pueden verse como volutas de humo y podrían ser parte de tu cuerpo etérico. El cuerpo etérico es un cuerpo paralelo, en cierto sentido, al cuerpo físico, pero existe en una frecuencia vibratoria más alta y en un estado de ser más refinado.

Puedes ver una luz blanca, como una nube o neblina rodeando tus manos o el vaso, y, más allá, podrías comenzar a ver colores: los colores del aura. Los colores que aparecen primero son: verde, azul y rojo, pero no necesariamente en ese orden. Podrías ver uno o varios de esos colores. Cuando te sintonices con la fuerza espiritual, podrías empezar a ver el color violeta. El color puede que lo veas en el agua. A veces parecerá titilar en la superficie, y otras lo verás al fondo del agua, o también puede que aparezca en el borde del vaso o entre el vaso y tus manos, o alrededor de tus manos. Incluso las manos mismas podrían volverse de un color diferente. Las posibilidades son muchas. Cuando miras directamente al vaso, puedes ver el color a un lado de tu mano, pero si tratas de mirarlo intencionalmente, parecerá desaparecer porque estás enfocando tu visión física en él. No te enfoques, sólo contempla. No te crees expectativas, sólo observa lo que aparezca. Al seguir contemplando el agua, tu visión física va a alterarse y empezarás a percibir trazos de colores.

La imagen visual del vaso y de tus manos puede cambiar de "positivo" a "negativo" y verse como el negativo de una foto. Eso es parte de lo que está sucediendo. Sigue observando y no trates de controlarlo; deja que pase lo que pase, tu tarea es simplemente observar.

Al modificarse tu conciencia dentro de ti, podrías encontrar que tu percepción visual del vaso también cambia. Tu conciencia puede exteriorizarse del cuerpo y cuando eso suceda, "verás" el vaso y tus manos hacerse cada vez más pequeños. No hay problema. Tal vez te parezca que tu percepción de los colores es mucho más aguda, o si tu conciencia se traslada al vaso, puedes tener la sensación de "caerte" adentro del agua; o de pronto, ver una cara o una imagen dentro del vaso mirándote. Eso significa que tu conciencia se está moviendo y que no está siendo restringida por las limitaciones del cuerpo físico. Estás aprendiendo a expandir tu conciencia y estás practicándolo. Estás aprendiendo y practicando la libertad.

Cuando la visión física cambia a visión psíquica, puede haber momentos en que la imagen que estás mirando desaparezca completamente. Tienes los ojos abiertos, pero no ves nada. Eso también es normal, no te preocupes. Sigue adelante, pues eso se va a solucionar solo. Las manos y el vaso podrán enfocarse y desenfocarse cuando las energías magnéticas oscilen. Todo es parte de la experiencia, todo es válido.

Cuando hayas estado practicando este ejercicio durante cinco o diez minutos, haz una pausa y bebe un poco del agua, y observa si puedes percibir alguna diferencia en el sabor desde que comenzaste la meditación. Luego, prosigue con la meditación y asegúrate de probar el agua cuando la hayas terminado. Puedes experimentar un cambio sutil en el sabor del agua. Algunas veces, particularmente si el agua tenía un gusto amargo o químico, el cambio será obvio. Puede que no veas nada y que aún así tengas un éxito tremendo con la técnica porque, en parte, se trata de tomar la energía magnética de tu propio cuerpo y aumentarla, vitalizarla y ponerla adentro del vaso de agua; en síntesis, magnetizar algo externo a ti con tu propia energía magnética.

Escúchate cuando trabajes con esta meditación del agua, deja que tu intuición te guíe y no te pongas demasiado rígido en tu enfoque. Si sientes que los ojos te arden de manera excesiva, ciérralos durante unos minutos y luego continúa contemplando el agua. Si sientes tensión en el cuello y en los hombros, sólo cierra los ojos y relaja el cuello y la cabeza. Entonces puedes continuar.

Si quieres resultados, persevera practicando esta técnica. Algunas personas prueban este ejercicio durante tres o cuatro minutos, no pasa nada y dicen: "No vi nada", y se dan por vencidas. No hay problema si quieres darte por vencido. Hay personas que son muy afortunadas y están más sintonizadas por naturaleza, así que obtienen resultados muy rápidamente. Pero ellas son la excepción a la regla. El resto tiene que persistir y observar, y quizás intentar varias veces esta meditación. Con la práctica desarrollarán gradualmente su habilidad para sintonizarse. En otras palabras, tienes que ser lo suficientemente testarudo como para perseverar y no dejar que tu irritación y tu desaliento te manejen. Es muy fácil y muy humano darse por vencido tan pronto sientes que los ojos te lloran o te arden, tan pronto tu visión empieza a cambiar y a alterarse. Está bien, si eso es lo que quieres. Todo depende de ti, si quieres trabajar de una manera que te permita experimentar lo que está a tu disposición en esta meditación.

No dejes que tu ego se involucre en el trabajo con el agua. En cuanto lo permites, tan pronto tratas de conseguir una experiencia, la detienes. Puedes sentarte y contemplar el vaso durante cinco o diez minutos, y si piensas: "¡Qué ridículo!", quizás nunca experimentes nada, excepto el sentirte ridículo. Pero si te lo propones y piensas: "Esta bien, voy a probarlo y veré qué pasa", te habrás abierto y puedes tener una experiencia al hacerlo. Ésta es otra técnica que puede llevarte a tu ser interior.

Cuando hayas terminado la meditación, tómate unos minutos, cierra los ojos y permanece sentado en silencio y observa lo que aparezca en la "pantalla" de tu ojo interno. No *busques* cuando hagas esto, sólo observa si surge algo.

La meditación del agua es una técnica que puede cambiar tu conciencia, aunque no más sea porque no sabes qué esperar y tampoco puedes predecir lo que va a pasar. Eso te libera de las exigencias y expectativas de la mente. Superas tu mente y tu conciencia empieza a fluir y a trabajar para ti. Si sientes que tu mente analítica se empieza a manifestar, es bueno que tomes suavemente una respiración profunda y que lo dejes ir todo al soltar el aire. Relájate, pero no dejes caer el vaso. Si te sirve, dale a tu mente un punto de anclaje, tal vez colocando un poco de música suave, para que la mente se enfoque en ella y te ayude a relajarte y a tranquilizarte a nivel mental.

Debes recordar que cuando trabajas con meditaciones de este tipo, si dices que no puedes y que no va a funcionar, creas esa posibilidad para ti. Es una restricción que te colocas. Tu única restricción es lo que creas tú. Si dices que no se puede hacer, no se puede... para ti. Pero muchísimas personas han hecho esta meditación y sus éxitos son la prueba de que sí funciona. No tienes que hacer esta meditación con un gran nivel de convicción, ni sugestionarte de que funcionará. Pero tampoco tienes que sugestionarte de que no funcionará. Si simplemente la haces con una conciencia neutra, como un observador científico que ve qué puede llegar a pasar, encontrarás tu experiencia allí.

11
Introducción al Color

En la realidad última, sólo hay Espíritu, Sonido y Luz.
Ellos son la esencia misma.

La Biblia nos dice que en el principio era el Verbo. Se refería al Sonido. Y dijo Dios: "Que la Luz sea", y la Luz fue. La Luz fue creada por el Sonido. Las dos fuerzas son como una sola, y son una con el Espíritu y una con Dios. Éstas son las fuerzas primarias que dominan todos los aspectos de la creación. Todo lo existente ha sido creado por el Sonido y la Luz.

Hay un nivel de energía de Luz positiva que llamamos Espíritu Santo. Es la fuerza de vida que lo sostiene todo. Aquí en la Tierra, el Espíritu Santo no se puede ver, sentir ni percibir de manera alguna. Es invisible. Es la manifestación más elevada de la existencia de Dios que se prolonga hacia la Tierra. Es el Espíritu que impregna todos los niveles y reinos de Luz, toda forma de vida, toda existencia.

En los niveles superiores sólo existe esta energía pura del Espíritu. No hay otra manifestación de Luz, excepto el Sonido, que es esa corriente de Luz audible que se extiende hasta el corazón de Dios. En los reinos de Luz por debajo del Alma (etérico/inconsciente, mental, causal/emocional, astral/imaginativo y físico), la Luz se vuelve más densa, menos pura, y es más afectada por otros elementos. Cuando la Luz alcanza estos niveles más densos, se separa en diferentes frecuencias o rayos de energía, que se convierten en colores. La Luz pura que entra en el ambiente se curva y se altera para que pueda convertirse en color y ser percibida por los sentidos físicos. Los colores primarios tal como los conocemos son aspectos de la energía de Luz pura, alterada para que puedan ser percibidos en este nivel.

Toda la Luz, en gran medida, se percibe como color en este reino físico. Los colores son de hecho una ilusión. El Espíritu es la realidad. Pero como la personalidad no puede percibir al Espíritu directamente en este nivel, ve al Espíritu como rayos de energía de color. Cada una de las frecuencias de color está bajo el dominio de un cuidador de ese rayo de Luz. Dichos seres son formas espirituales inteligentes y altamente sofisticadas, cuya función es convertir cada color en una frecuencia física y hacer el poder de ese color accesible a la humanidad. Estos maestros funcionan en los reinos negativos de la Luz, pero eso no significa que sean "malos". Como te mencioné antes, los reinos positivos de la Luz son reinos del Alma y más arriba; los reinos negativos son los niveles por debajo del Alma. Tiene mucho más sentido si lo piensas en términos de los dos polos de una batería. Tanto el polo positivo como el negativo son necesarios para que la batería funcione. El polo negativo no es "malo". Es una parte del todo que posee características propias.

En este mundo físico, lo mejor es aprender a usar todos los aspectos de tu entorno para elevarte. Aunque no percibas el Espíritu y la Luz directamente desde este nivel, puedes aprender a percibir los colores en su forma más pura. Puedes aprender a contactarte con los maestros de los rayos de colores, y puedes aprender a usar el poder de los rayos de colores para tu elevación.

Esta parte del libro tiene como propósito darte cierto conocimiento de los rayos de colores y de los maestros que los dirigen, enseñarte a usar estos rayos de colores, sugerirte técnicas para sintonizarte con los colores y desarrollar tus habilidades para trabajar con ellos.

12
Sintonización con el Color

En nuestro entorno, hay colores por todas partes. Algunos son obvios y fáciles de percibir. No cuesta nada mirar a un amigo y ver el color de la camisa o de los calcetines que está usando. Es fácil distinguir las hojas verdes de los árboles, el fértil marrón de la tierra y los colores luminosos de los globos en una fiesta infantil. Tal vez pintes de verde claro las paredes de tu domitorio en tu casa, porque es un color que te tranquiliza, que te relaja. Puedes decidir pintar de amarillo tu cocina, porque es un color brillante, feliz y elevador. Hay muchos otros colores a todo nuestro alrededor, pero son más sutiles y difíciles de detectar. Algunas personas jamás llegan a ver estos colores más sutiles, mientras que otros los ven ocasionalmente, y algunos muy a menudo.

¿Has mirado alguna vez a alguien y visto un destello verdoso alrededor de sus manos al moverlas? ¿Has visto alguna vez un brillo dorado y sutil alrededor de la cabeza de alguien? ¿Has despertado alguna vez en la noche, abierto tus ojos y visto azulado el cuarto sólo por un instante? ¿Qué son estos colores y de dónde provienen? Estas energías de colores sutiles significan cosas específicas y te acompañan cuando te involucras en ciertas áreas de expresión, y puede que estés o no consciente de ellas. Hablaremos más en detalle de esto más adelante.

Si quieres tomar mayor conciencia de estos colores sutiles, de su presencia y de lo que significan, hay técnicas generales que pueden mejorar tu visión de los colores en sí. Cada una de las técnicas está diseñada para ayudarte a adaptar tu visión para que así puedas ver con mayor profundidad de la que acostumbras. Al ir practicando estas técnicas, quizás comiences a ver colores que comúnmente no veías. La práctica de algunas o de todas estas técnicas es un excelente método para sintonizarte con la esencia de energías de colores más sutiles. Utilízalas con frecuencia, porque a mayor práctica, mayor conciencia del mundo de colores que te rodea todo el tiempo, aunque tal vez no te percates de ellos.

A medida que practiques las técnicas de este libro para expandir tu conciencia del color, fíjate en tus actividades normales diarias y ve si no hay alguna evidencia de color que no hayas experimentado antes. Puede que no consigas resultados inmediatos; éstos pueden darse en cualquier momento. Puedes estar sintiendo que no tienes mucho éxito con estas técnicas y que "de pronto" veas un azul hermoso, encendido y radiante alrededor de tu pareja, mientras ambos miran televisión. Una conciencia expandida del color no se limitará exclusivamente a aquellas ocasiones en que practiques la técnica. De hecho, si lo intentas con demasiada fuerza, puedes bloquear tu percepción en ese momento. Y, entonces, cuando menos te lo esperas y no estás haciendo ningún esfuerzo, los colores pueden destellar frente a tu vista. Así es que mantente atento, relájate y ábrete a tener conciencia del color todo el tiempo.

Después de que practiques cada una de las técnicas, te sugiero que anotes tu experiencia en un diario personal. Sería conveniente que destinaras una sección del mismo especialmente a tu trabajo de sintonización con el color, dividiendo la sección para cada uno de los colores de manera individual, así como que tuvieras divisiones para las diferentes técnicas de sintonización. Tu conciencia de lo que sucede alrededor de ti puede aumentar si anotas tus experiencias y también puede ayudarte a sintonizarte con frecuencias de color de una forma incluso más plena. Es una forma de decirte a ti mismo: "Pon atención en esta área. Esto es valioso para tí".

Ejercicio con Papel de Colores

Materiales: Cartulina de color
Un pliego de cada color:
rojo, naranja, amarillo, verde,
azul, violeta y blanco

Para logar resultados óptimos en este ejercicio, tal vez tengas que experimentar con la iluminación de la habitación. Varíala hasta que logres los resultados que quieres.

Como siempre, comienza pidiendo la Luz para el bien mayor. Toma tus pliegos de cartulina de color rojo, naranja, amarillo, verde, azul, violeta y blanco, y apílalos de abajo hacia arriba en ese orden, de modo que el pliego rojo quede encima y el blanco esté al final, debajo. Colócalos de una forma que sólo puedas ver el pliego rojo de encima. Luego, toma el pliego rojo con una mano y sosteniendo el resto del montón con la otra, muévelo lentamente a través del pliego naranja, que es el que le sigue inmediatamente por debajo. Cuando hayas pasado todo el pliego rojo lentamente a través del naranja, hazlo a un lado. Ahora toma el pliego naranja y comienza a arrastrarlo lentamente sobre al pliego de color amarillo (que es el que le sigue). Y así sucesivamente, hasta que llegues al final del montón. Puedes repetir este proceso varias veces de la misma manera o invertir el orden, de modo que comiences con el pliego blanco y desciendas hasta el rojo. O podrías mezclar los colores, para que no siempre los tengas en el mismo orden.

A medida que vayas pasando cada uno de los pliegos sobre el siguiente, enfoca tu mirada en el lugar en donde ambos colores se juntan. Al principio, puede que no percibas ningún cambio en la visión y que, por lo tanto, no aparezcan nuevos matices o colores. Pero a medida que continúes trabajando con esta técnica, empezarás a a ver evidencias de colores más sutiles que el color de los pliegos mismos. Posiblemente comenzarás viendo en la línea en donde ambos colores se juntan, un matiz del mismo color, pero más intenso, más brillante o más vívido. Otra alternativa es que empieces a ver un tercer color en donde los dos colores primarios de juntan. Puedes experimentar como un completo pliego de color se "convierte"en otro. Esto significa que tu visión se está empezando a sintonizar con los colores más sutiles que existen en tu entorno, pero que no se ven normalmente.

Cuando trabajes con estos colores, puede que los ojos te comiencen a arder o a lagrimear. Ésa es una reacción fisiológica normal. Si se hace insostenible, simplemente cierra los ojos por unos pocos minutos y déjalos descansar. No pasees la vista por el cuarto ni mires otros objetos, porque el hacerlo te devolverá tu visión física habitual. En ese caso, deberás volver a comenzar para intentar cambiar tu visión a niveles de mayor profundidad.

Es mejor no considerar excepciones en esta técnica. Simplemente deja que suceda lo que suceda. No hay nada correcto o incorrecto. No se *supone* que veas nada en especial. Simplemente estás practicando cambiar tu visión y percibir colores a niveles más sutiles. Lo que sea que experimentes, eso será lo que logres.

Ejercicio de Sintonización con el Aura

Materiales: un espejo
un fondo negro o blanco
una camisa negra o blanca
opcional:
una bombilla de color azul

El aura humana es un campo de fuerza de energía electromagnética que rodea el cuerpo humano. El aura, por naturaleza, consta de color y movimiento. Los colores que se reflejan en el aura pueden ser colores primarios fuertes o pueden consistir de infinitas variaciones y matices de color. Hay una ciencia completa que se relaciona con los colores del aura y lo que ellos significan, y no es nuestro propósito explorar eso aquí. Sin embargo, puedes sintonizarte con el color al aprender a percibir y luego, a ver los colores de tu propia aura.

Una técnica para desarrollar la capacidad de ver los colores áuricos es sentarse frente a un espejo en tu habitación, o en un lugar en que no seas interrumpido. Ponte una camisa de color neutro, como negra o blanca. Sería bueno colocar un fondo negro o blanco detrás de ti. Cumple con el objetivo el que coloques un pliego de papel blanco detrás del respaldo de la silla, también podría servir una sábana blanca colgada detrás de ti. Si es posible, baja un poco las luces, y mejor aún, consigue una bombilla de color azul y colócala en vez de la de luz blanca. Mientras más suave sea la luz a nivel físico, más posibilidades tienes de percibir la luz en otros niveles. El ideal es colocar una luz azul detrás de tu cabeza. Tu propósito es tratar de eliminar tanto color físico como sea posible de tu entorno inmediato para que no te distraigan otros colores o luces del nivel físico.

Cuando estés listo, toma asiento y mira fijamente tu cara y tu cabeza en el espejo. Permite que tu vista recorra los bordes de tu cabeza, de la parte superior de ella, que descienda por las orejas, el cuello y los hombros. Enfócate brevemente en el área del tercer ojo (el centro de la frente). Cuando comiences a sentir la energía en alguna zona en particular, enfoca brevemente tu atención ahí, y luego continúa moviendo tu vista. Cuando te enfocas intencionalmente en un área, lo más probable es que conectes con tu visión física y que bloquees la visión más sutil. Puedes empezar a ver innumerables destellos de colores por un instante o que duren un poco más. Puedes empezar a ver pequeños destellos o puntos de color que parecieran estar entre tu cuerpo físico y tu imagen reflejada. Si comienzas a sentir una energía intensa en tus manos, mira hacia abajo y ve si hay destellos de colores a su alrededor. Las manos son muy sensibles y suele haber evidencia de color a su alrededor.

Meditación del Agua

La meditación del agua es un método para sintonizarse con las frecuencia de color del campo de fuerza electromagnético que rodea el cuerpo. Al practicar la meditación del agua, puedes empezar a percibir los colores sutiles de esta energía. La meditación es muy sencilla, pero poderosa. Encontrarás instruciones detalladas en el Capítulo 10.

Estas técnicas tienen el propósito de mejorar tu capacidad para percibir el color. Puedes ampliarlas o adaptarlas a tus propias necesidades. No te olvides de que no existe una forma correcta o incorrecta de practicarlas. No se supone que veas nada en particular. Nada es bueno o malo. Simplemente se trata de experimentar el color y la energía.

13
Los Colores de los Rayos de la Luz

En la presente sección voy a repasar la información acerca de los rayos de colores de Luz y los maestros que trabajan con ellos. Hay técnicas para practicar con cada uno de los rayos de colores y aumentar tu sintonización. Te recomendamos especialmente aquí que uses tu diario personal para registrar tus experiencias.

Cuando trabajas con colores específicos, puedes encararlo de diferentes maneras. Verifícalo y usa lo que te funcione. También puedes adaptar las técnicas y mezclarlas. Visualiza un color en particular rodeando e inundando tu cuerpo. Puedes visualizarte rodeado de una túnica o capa de color. También sentir que un determinado color te baña como una ola. Podrías usar una técnica de respiración y sentir que inhalas el color con cada respiración y llevas ese color a cada una de las células de tu cuerpo. Tal vez descubras una técnica propia que no se describe aquí. ¡Diviértete descubriendo lo que te funciona a ti!

Antes de practicar cualquiera de estas técnicas, siempre pide que la Luz del Espíritu Santo y del Viajero Místico te acompañen para el bien mayor, de modo que todo lo que recibas sea correcto y apropiado para ti. Si estás trabajando con un color determinado, abre tu conciencia al maestro de ese rayo de color con una oración corta: "Le pido al maestro del rayo amarillo (o rojo, azul, o el que sea) que irradie ese color a través de mi conciencia para que me asista para los más altos fines". A continuación, relájate y toma una actitud receptiva. Todo lo que tienes que hacer es aceptar. No se requiere nada más. No tienes que creer o no creer, no tienes que ver nada. No tienes que sentir o saber nada. Simplemente ábrete a la experiencia.

Rojo

El color rojo es una energía vibrante, llena de poder y fuerza. El rojo es un revitalizador del cuerpo, aporta fuerza y es una energía movilizadora de poder. Por ejemplo, si físicamente no fueras una persona particularmente muy fuerte y tuvieras que cambiar un neumático de tu carro, podría ser muy difícil para ti y tal vez hasta imposible levantar el auto con la gata usando tu propia fuerza. Es posible que al tratar de bajar la manilla de la gata, ésta se quede donde mismo y que tanto tú como el carro parezcan tener la misma fuerza, o incluso encontrar que el carro te la gana. Si pides: "Si es para mi bien mayor, le pido al maestro del rayo rojo que libere su poder en mí", puede que esa energía vibrante, asociada al rayo de color rojo, te inunde y te revitalice. Puede que entonces seas capaz de levantar el auto con la gata y cambiar el neumático. El rayo rojo es útil en cualquier situación en la que se necesite fuerza física. No obstante, la energía de este rayo debe usarse muy rápidamente por lo poderosa que es. Sólo invócala cuando necesites una descarga de energía súbita. No debes pedir el color del rayo rojo y luego sentarte a leer un libro. El poder de la frecuencia podría producir un desequilibrio en tu sistema si no lo utilizas de manera inmediata y enérgica.

Para usar con eficiencia el rayo rojo, debes hacer algo con él de inmediato. Lo pides cuando vayas a usarlo, porque normalmente —gracias a la comunicación telepática—, empiezas a recibir la corriente de energía antes de que el pedido se estructure verbalmente en tu mente. La forma maestra de este rayo rojo suele estar presente para asistir a las personas cuando quedan atrapadas en la vida o cuando están en situaciones de peligro de muerte. Posiblemente hayas leído historias acerca de alguna madre que levantó un automóvil para salvar a su hijo atrapado debajo de las ruedas, o sobre alguien que entró corriendo a un edificio en llamas para salvar a un niño. Existen todo tipo de milagros asociados a la fuerza del rayo de color rojo cuando éste se usa para conseguir mayor fuerza y poder.

El color rojo suele estar asociado a la ira o a emociones pesadas. Es verdad que cuando la gente está enojada posee en su interior una energía tremenda y explosiva, a pesar de estarla reprimiendo físicamente. Y también es cierto que si estás sintiendo rabia, tu aura puede estar reflejando el color rojo. Una forma de trabajar con esta rabia es visualizar un color más frío que entre en tu aura y tu cuerpo, a fin de neutralizar la energía explosiva que estás sintiendo internamente. Pedir el rayo azul para el mayor bien puede enfriar tu rabia. Éste es sólo un ejemplo de las muchas maneras en que puedes trabajar con los colores para elevarte y crecer. Puede ser tremendamente valioso para ti conocer estos aspectos y aprender a trabajar con ellos.

Meditaciones

1. En algún momento, cuando vayas a ocupar una gran cantidad de energía física en un tiempo corto, pídele al maestro del rayo rojo que te acompañe para el mayor bien. Visualiza el espacio que te rodea impregnado del color rojo. Inhálalo y siente cómo circula por todas partes en tu cuerpo, desde la punta de los dedos de los pies y de las manos, pasando a través de tu cuerpo hasta la parte superior de la cabeza. A continuación, ponte en acción a nivel físico rápidamente y fíjate en las diferencias que se producen en relación a cómo te sientes normalmente.

2. Si vas a hacer trabajo físico pesado, haz la meditación del "RA" visualizando y respirando el color rojo a medida que lo entonas. Esta meditación se explica en el Capítulo 5.

Naranja

El color naranja crea un flujo contínuo de energía. También como el rojo, es un color de gran vitalidad física, pero de una naturaleza más constante. Si fueras a correr varios kilómetros, pedirías naranja en vez de rojo. Para una actividad de tipo constante, la energía del rojo sería demasiado dinámica. Preferirás la fuerza del rayo naranja, y de esa manera podrías continuar fluyendo y fluyendo a medida que esa energía siguiera entrando en ti.

Usas el naranja cuando te sientas un poco desgastado, un poco cansado. Podrías tener el "bajón de las tres" y sentirte tan agotado que no sabes como sobrevivirás hasta las cinco de la tarde. En momentos como esos, pídele al maestro del rayo naranja que libere el color naranja dentro de ti para el bien mayor.

El naranja está conectado con la energía del sol, y algunas de las filosofías orientales usan este color para fortalecer y revitalizar el cuerpo. Por ejemplo, puedes tomar papel celofán de color naranja y envolver con él una botella de agua. Coloca la botella al sol entre cuatro y cinco horas, lo que le permite a los rayos del sol atravesarla y revitalizar el agua; luego bébela como si fuera un tónico para el cuerpo. El agua revitalizada alcanzará rápidamente el núcleo, el centro mismo de la célula, y empezará a generar el rayo de color desde adentro. Algunos de ustedes aún no han experimentado lo que es viajar por sus planos internos hasta el núcleo de cada célula del cuerpo. Cuando lo haces, descubres que hay color allí. Algunos de los colores pueden ser fácilmente equiparados con los colores que ves aquí afuera en el mundo físico, y hay algunos colores que aún no has visto.

Meditaciones

1. Pídele al maestro del rayo naranja que te acompañe y libere el poder del color naranja en ti para tu mayor bien. Conscientemente experimenta que te rodea una energía de mayor frecuencia vibratoria. Visualiza esa energía de color naranja. Al inhalar profundamente, visualiza el color naranja entrando por tus fosas nasales, llegando a tus pulmones y luego, liberándose en el torrente sanguíneo hasta alcanzar todas las zonas de tu cuerpo. Siente cómo el color naranja fluye hacia tus extremidades y, al mismo tiempo, llena el área de tu pecho. Una vez hecho esto, sigue con tus actividades normales.

2. Visualiza una túnica de color naranja brillante que te rodea los hombros y cae cubriendo todo tu cuerpo, rodeándolo. Siente el poder de esa túnica entrando en ti e infundiéndote del poder de este color.

3. Observa tus patrones de energía durante un par de días seguidos. Registra cuándo ocurran las subidas y las bajadas, y cómo te sientes en general. Luego, revitaliza el agua de una botella con papel celofán naranja, tal como se explicó anteriormente, y bebe el agua varias veces al día por cinco días. Observa los resultados y anota cualquier diferencia que notes.

Amarillo

La frecuencia amarilla entra como un proceso mental. Intenta capacitar al intelecto, aunque no completamente. El maestro del rayo amarillo se ocupa de las cualidades del entendimiento y del pensar. Algunas personas han equiparado el color amarillo en el aura con la cobardía, pero a menudo, aquel que se considera cobarde es quien tiene la capacidad de analizar una situación, de ver claramente lo que sucede y resolverla verbalmente, en vez de imponerse a golpes. El que pelea, ocupa el rojo. El "cobarde" ocupa el amarillo. Mientras mayor sea el tiempo en que se evita una pelea, más grande es la victoria del "cobarde". De hecho, el peleador puede perder su capacidad racional de conciencia con una energía demasiado intensa; el cobarde puede hacer que el color amarillo siga entrando y resolver una situación mediante el entendimiento. A menudo, el mentado cobarde persevera hasta el final y se convierte en el héroe del día.

El rayo de color amarillo se puede invocar cuando sientes que estás mentalmente fuera de equilibrio. Pide que entre en ti la Luz amarilla para el mayor bien y que le brinde la cualidad de equilibrio a tu mente. El amarillo también se puede usar cuando estás leyendo un texto, preparándote para un examen, o puede ser útil cuando estés rindiendo el examen y conseguir claridad en tus ideas y en tu expresión. Le pides al maestro del rayo amarillo que libere el rayo amarillo para ti por bien tu mayor.

Si estás leyendo un libro de mucha complejidad o es muy abstracto y sientes que no estás entendiéndolo muy bien, le puedes pedir al maestro del rayo amarillo que te otorgue la frecuencia de ese color internamente.

El rayo amarillo funciona como un clarificador que te ayuda a elevar tu conciencia para que la información se vuelva más clara y puedes procesarla. No se trata de una elevación física, se trata de la elevación de tu conciencia por encima de las nubes de la confusión.

El rayo amarillo se dispersa rápidamente; simplemente se aleja constantemente. Es como pensar en algo y querer decírselo a alguien y olvidarte de lo que ibas a decir justo en el momento de abrir la boca. Así de rápido puede dispersarse el rayo de color amarillo de tu conciencia. Por eso, es conveniente que pidas que se te otorgue la frecuencia amarilla y que se pose sobre tu cabeza como un casco. Un clarividente vería el color amarillo posarse sobre tu cabeza, mientras tú residas en ese rayo. El amarillo penetra a través de la parte superior de la cabeza, de los lóbulos frontales, que es la zona pensante del cerebro. Puede proporcionar una cualidad de comprensión mayor que será más profunda que la mente; de hecho, puede alcanzar áreas de entendimiento emocional y ayudar a despejar y liberar bloqueos mediante esta combinación de comprensión emocional e intelectual.

Meditaciones

1. En situaciones en que requieras claridad mental, invoca al maestro del rayo de color amarillo y pídele que te acompañe para el mayor bien, y que

libere la frecuencia de su color dentro de ti para que tu comprensión aumente. Inhala el color a través de la parte superior de tu cabeza y siente cómo el color llena dicha área, impregnando el cerebro entero. Pide poder usar el color amarillo para percibir la situación de la manera más clara posible, siempre para los más altos fines.

2. Visualiza un casco amarillo que desciende y circunda el área de tu cabeza. Siente como el casco se sostiene allí, siéntelo como si fuera algo practicamente tangible. Es conveniente que levantes las manos y que las sostengas unos cuantos centímetros más arriba de la cabeza sintiendo que tus manos descansan en el borde del casco. Siente la energía en la palma de las manos y también entre tus manos y tu cabeza. Visualiza esa energía como un casco amarillo.

Verde

El maestro del rayo de color verde es el guardián de un brillante verde esmeralda. De vez en cuando lo verás como un verde pálido pero, por lo general, será un verde esmeralda más profundo y vibrante. Este color tiene dos funciones: una didáctica y una sanadora. Sin embargo, la funcion didáctica en sí es de hecho sanadora, por lo que realmente no hay ninguna diferencia. En el sentido espiritual, ambas se llaman acciones equilibradoras.

El verde tiene una función equilibradora, es un educador, un ajustador o un equilibrador. Si fueras a darle una conferencia a un grupo de personas sobre un aspecto muy avanzado en el área de la ciencia teórica, tal vez te convendría trabajar bajo la influencia del rayo verde. Le pides al maestro del rayo verde que te asista en esta actividad educativa, que te ayude a desarrollar la información para tus estudiantes.

Si sientes que una parte de tu cuerpo está fuera de equilibrio, pide que este color se dirija hacia allí. Si es un dolor físico, el color verde puede aliviarlo. Si es un dolor emocional, él puede despejarlo. Si el dolor lo producen cambios electromagnéticos, el verde puede hacerlo desaparecer completamente en ese mismo momento. Esto puede servirte para averiguar en qué nivel está apostado el dolor y qué lo ha creado.

El color verde tiene también una cualidad de vida. Es un buen color a usar cuando trabajas con personas. Si tienes que calmar el dolor de alguien que quieres y ese dolor se ubica en el área de los hombros, puedes darle unas palmaditas a la persona en los hombros o en una zona cercana, visualizando el color verde fluyendo de tus manos y penetrando en los hombros para el bien mayor. No tienes que decirle a la persona lo que estás haciendo y, sin embargo, puedes confortar a la persona y equilibrarla de esta manera. Como siempre, invoca el bien mayor cuando trabajes con este color.

Meditaciones

1. Invoca al maestro de la frecuencia de color verde para que te acompañe y libere la energía del color verde en ti para los más altos fines. Visualízalo en todo tu entorno, equilibrando todas las áreas a nivel físico y emocional. Con cada respiración, visualiza cómo el color verde fluye hacia tu cuerpo y se extiende por todo tu cuerpo.

2. Visualízate en una pradera en la montaña, rodeado de césped verde y de helechos. Imagínate la escena con el mayor detalle posible, pero principalmente siente y visualízate rodeado y apoyado por el color verde, el color de la naturaleza. Siente, percibe y ve el césped verde debajo de ti, y los árboles verdes sobre tu cabeza. Siente cómo el verde suave y traquilo penetra en tu cuerpo y te proporciona un equilibrio perfecto, tanto a nivel físico como emocional. Puedes colocar un poco de música de fondo para hacer esta meditación, si quieres. Algunas alternativas son el *Pachelbel*, el *Ani-Hu* y *Wind from Heaven*, de Jeff Gautier.[4]

---

[4] El *Ani-Hu* y *Wind from Heaven* están disponibles a través del MSIA. Para mayor información de cómo adquirirlos, consultar la sección "Recursos y Materiales de Estudio Adicionales" al final de este libro.

3. Si tienes áreas en tu cuerpo que necesitan ser equilibradas físicamente, utiliza el rayo de color verde. Pide que el maestro del rayo verde trabaje contigo para los más altos fines y luego, usando el poder de tu conciencia, envía ese color hacia el área que necesita ser equilibrada. Visualiza el área con tanto detalle como te sea posible. Visualízala sana, íntegra y en estado perfecto. Puedes imaginarte el color verde como un rayo láser de Luz verde que se desplaza directamente hacia el área que necesita ser equilibrada. Permite que las imágenes se te presenten en el momento, pero mantén el enfoque en la Luz verde sobre el área afectada. Hazlo durante veinte o treinta minutos cada vez, dependiendo de lo que estés tratando de despejar.

Azul

El color azul es parte de un intelecto espiritualizado. Si ves este azul en el aura de alguien, con toda certeza esa persona se está expresando en el área del Espíritu y el intelecto.

Demasiado azul en el aura puede llevar a la persona a deprimirse.[5] Cuando dices: "¡Me siento tan triste!", suele deberse a que te has sobrecargado de esta frecuencia azul; no estás totalmente en una conciencia del Alma, pero tampoco estás totalmente en el mundo físico. Estás entremedio y puede que no seas capaz de identificar correctamente tus puntos de referencia. Entonces, si sientes melancolía, ésa es una manera de saber dónde te encuentras usando la perturbación o el dolor.

La frecuencia azul puede ayudarte a que te eleves por encima de algunos de los patrones físicos de deseo de la Tierra. Desarrollaré esta idea desde la perspectiva masculina; las mujeres pueden adaptarla al punto de vista de ellas y funciona de la misma manera. Si un hombre ve a una mujer hermosa caminando por la calle, empieza a imaginarse cómo sería tener sexo con ella y queda enganchado al área del deseo o de la lujuria. El rojo en el aura se dispara instantáneamente como un poder, una fuerza que lo conmina a hacer algo, a actuar. Es esta acción la que ha llevado a identificar el color rojo como un color degradado. Es posible que la gente vea el color rojo en el aura y diga: "Es sucio. ¡Qué asco!". Pero no lo es. Rojo significa fuerza, poder para gastar la energía física y tener relaciones sexuales. Si tienes pro-

---

[5] En inglés, "get blue" es una expresión que significa estar triste y literalmente se traduce como "ponerse azul".

blemas en el área del deseo sexual y dicho impulso te invade en momentos y lugares poco convenientes, puedes pedirle al maestro del rayo azul que te llene de ese color, el que teñirá la conciencia de una naturaleza más intelectual y espiritual.

Años atrás, le enseñé algunas de estas técnicas a un amigo; él me describió una historia bien interesante de cómo utilizaba el rayo azul. Me contó de un amigo joven que tenía, que acostumbraba a expresarse en un tono lujurioso, y de una experiencia que habían tenido juntos. Caminaban por la calle y el joven, al ver a un jovencita muy hermosa, le dio un codazo a mi amigo y exclamó:

—¡Vaya! ¿Viste eso?

—Sí —contestó mi amigo.

Al rato, pasó otra linda muchachita y el joven le dio otro codazo y le dijo:

—¡Guau! ¿Viste eso?

Mi amigo asintió. Siguieron caminando y un poco más adelante vieron a otra chica hermosa pasar por su lado.

—¡Cielos! ¡Mira eso!

Esto se repitió tan insistentemente, que mi amigo decidió que o el joven cambiaba su conducta o tendrían que tomar caminos distintos. Le sugirió al joven que había mucho más que apreciar en las mujeres que lo que se podía ver con los ojos físicos, y que sería agradable que él se sacara de la mente el sexo por un rato.

—Voy a enmendarme —dijo el joven.

—¿Te importaría si te ayudo? —preguntó mi amigo.

—De ninguna manera. ¡Dale! —respondió el muchacho.

Mi amigo invocó al maestro del rayo azul, que acompañara al joven para el bien mayor y que lo rodeara. Pudo ver cómo la Luz azul cubría al muchacho por todas partes y, dirigiéndola de manera consciente, mantuvo la Luz azul girando, circulando de una forma dinámica. La mantuvo activa y no permitió que ella se disipara. Caminaron varias cuadras sin un: "¡Vaya! ¿Viste eso?". Y cuando llegaron a casa el jovencito ni siquiera hizo ademán de coger la primera revista "pornográfica" que se le puso por delante, conducta que demostraba que el mundo estaba en orden para él.

Como tres días después, el muchacho contactó a mi amigo y le preguntó:

—¿Qué me hiciste que inhibiste el patrón de deseo en mí?

—Yo sólo te apoyé en la dirección que dijiste que querías ir —contestó mi amigo.

—¿Y podrías soltarlo un poco ahora? —quiso saber el joven.

—Claro que sí —dijo mi amigo—, puede soltarse. Yo no te lo tengo sujeto. Si quieres hacer otra cosa, estás en todo tu derecho.

Mi amigo había usado el rayo azul para apoyar al joven en su forma de expresarse y no para controlarlo. El rayo azul puede ser muy efectivo para ayudarte a controlar tus propios patrones de energía, permitiendo que te expreses de una manera que represente tu bien mayor.

Conozco también a una pareja de "mirones". No es que sean degenerados, son simplemente mirones. Ven pasar a alguien y se dan vuelta a mirarlo. Pero ambos sospechan que el otro mira con deseo y esto les produce problemas. Los dos piensan del otro: "¿Por qué miras a esa persona, si yo estoy aquí contigo?". La respuesta es: "Sólo estoy mirando. Mirar no hace daño". Cuando el patrón empezó a molestarle a los dos, me preguntaron si se podía hacer algo al respecto. Les expliqué que podrían usar el rayo azul. Los dos quisieron probarlo y se pusieron de acuerdo de invocar la Luz azul para el otro. Estaban dispuestos a experimentar con esta técnica y ver si los resultados les acomodaban. Cuando la mujer invocó la Luz azul pidiéndole que rodeara a su esposo, él se convirtió en un marido modelo. Pero todos sabemos que un modelo es sólo una réplica de la cosa verdadera; ella sintió que la sensación de aventura en su relación había desaparecido. Él ya no miraba hacia ninguna parte y era como si se pusiera anteojeras cuando salían a caminar. Ella le explicó a él lo que le sucedía. Él contestó que ni siquiera se había dado cuenta de que no estaba mirando; simplemente ponía su mente en otras cosas.

Ambos utilizan la Luz azul cuando sienten que el hecho de que el otro mire se convierte en una molestia. Si el que mira lo hace demasiado, el otro envía la Luz azul y enfría la actividad. Como tienen un acuerdo mutuo de trabajar con esto, no se meten en el área del control psíquico, y lo pasan bien haciendo experimentos con la técnica y descubriendo lo que quieren el uno del otro. Si aplicas esta técnica con otra persona, asegúrate de pedirle permiso. Recuerda que ésta es una acción de control psíquico, por eso, si lo pones en práctica sin el conocimiento y consentimiento de la otra persona, puede volverse en contra de ti. Pero si la otra persona sabe lo que estás haciendo y está de acuerdo, entonces la acción es clara. No olvides que no puedes controlar a nadie sin sufrir las consecuencias. Usa estas técnicas con precaución, especialmente si involucras a otra persona. Cuando invocas el bien mayor y los demás que están involucrados te dan su consentimiento, puedes disminuir las distracciones y crear una atmósfera de paz y calma dentro de ti y en tu entorno.

Meditaciones

1. Si te sientes enojado y molesto, o confundido de la manera que sea a nivel emocional, pide que el maestro de la Luz azul se presente y te otorgue el poder de la Luz azul para el mayor bien. Siente cómo la frescura del rayo azul te rodea, e inhala ese color para que ingrese a tu cuerpo. Siente cómo circula por tu cuerpo y se extiende hasta tus extremidades. Siente cómo el azul y la frescura rodean la zona de tu cabeza y te producen calma y serenidad.

2. Imagínate en la playa bajo una luz de luna tenue y azulada. Todo esta teñido de un azul suave. La luna tiñe el firmamento de un azul pálido y el cielo es de un azul profundo. La arena se siente fresca; te tiendes sobre ella y dejas que el azul de las olas te bañe suavemente, rodeándote y limpiándote. Siente cómo el azul de la olas se lleva toda perturbación, ansiedad y desesperanza. Siente al Espíritu rodeándote e inundándote de paz y de un amor gozoso por todo lo existente.

3. Usa el rayo de color azul en toda situación cotidiana en que sientas que te sube "la temperatura". Ya sea de rabia o frustración, o por involucrarte demasiado intensamente en algo. Siente como que te quitas una prenda de vestir roja y te colocas una capa azul. Siente ese azul suave y fresco contra tu piel. Obsérvate de pie en esa capa azul recortado contra el cielo azul. Siente tu unidad con todo el universo y liberate de tu punto de vista. Déjalo ir y conviértete en uno con todo lo existente.

Violeta

El maestro del rayo violeta conduce este rayo hacia las dimensiones físico-psíquicas desde los reinos más elevados de la Luz. Éste es el color que usa el Viajero Místico cuando trabaja contigo. Es el color de vibración más elevada que puedes ver, conocer o estar consciente de él en los reinos negativos de la Luz. El Viajero Místico trabaja en este rayo porque es un transmutador, un modificador. Cuando pides la asistencia del Viajero Místico y las cosas cambian casi por arte de magia, es porque en la Conciencia del Viajero existe una cualidad de transmutación inherente a ella. Cuando la presencia del Viajero se manifiesta desde el Espíritu, suele hacerlo como un destello violeta o como un punto violeta. Puede que también contenga algo de azul o dorado, dependiendo de la acción que se esté llevando a cabo. El color que aparece en torno al violeta puede darte una clave de todo lo demás que está sucediendo.

El color violeta es un transmutador. Mucha gente que usa el color violeta, lo que hace es extraerlo del suelo y subirlo por el cuerpo, sacándolo por la parte superior de la cabeza para que transmute todo en el cuerpo. Esta acción tiene lugar en los mundos metafísicos y psíquicos, y no hay problema con eso, pero no utiliza la calidad de conciencia más elevada que está disponible.

En el MSIA, lo que nosotros enseñamos es a trasladar el rayo violeta desde la parte superior de la cabeza hacia abajo, bajándolo desde los reinos más elevados hasta el reino físico de la conciencia. Lo traemos al cuerpo desde lo alto y lo hacemos descender hasta la tierra, de modo que las frecuencias negativas bajan y salen de tus centros espirituales superiores. A continuación, las frecuencias negativas se envían hacia el transmutador interno de la Tierra y allí se dispersan.

La gente pregunta por qué el Viajero Místico no se manifiesta en la Luz más pura "blanca". La respuesta es que la Luz blanca no se puede ver; es transparente e invisible. Y tú debes estar consciente de la presencia del Viajero cuando se está realizando trabajo espiritual. Incluso, más importante que ver la Luz violeta es sentir la energía que ella tiene cuando penetra: es una sensación de calma y alegría.

Se ha elegido el violeta como el color del Viajero porque es un transmutador. Se ha elegido el azul por su cualidad espiritual. Estos colores representan el linaje del Viajero, la escuela de sus conciencias. Todos los que ingresan al MSIA como estudiantes se convierten en herederos de ese linaje de energía. Ella hace resurgir todas las cosas de una manera renovada. Resucita todas las cosas. Cambia lo que ha sido a lo que va a ser. Modifica la estructura de lo viejo e introduce nuevos patrones de crecimiento y posibilidades. Despierta a todos los que toca a la herencia divina del Conciencia Crística.

Meditaciones

1. Invoca la presencia del Viajero Místico y del maestro del rayo violeta para el mayor bien. Siente como

ese color te rodea y te llena. Al inhalarlo desde la parte superior de tu cabeza, siente como transmuta todo lo que ha sido negativo o de naturaleza inferior hacia el Espíritu, hacia la Luz. Siente como el rayo violeta desciende lentamente por tu cuerpo expulsando todo lo negativo, y dejando trás de sí una sensación de Luz pura y de conciencia extasiada del Espíritu. Mientras sientes que toda la negatividad sale por los dedos de tus pies, toma conciencia de que eres Luz pura y permite que el Viajero libere de tu conciencia todo aquello que no sea para tu bien mayor, dejándote en un estado de total pureza.

2. Pide la Luz para el bien mayor, cierra los ojos y enfoca tu atención en el área del tercer ojo de tu frente. Es esa zona entre los ojos y justo por encima de ellos, que se ubica adentro, en el centro de la cabeza. Siente cómo la energía empieza a concentrarse en esa zona hasta convertirse en una energía pulsante, energetizante y viva. Puede que empiece a mecerte un poco; fluye con lo que la acción te pida. Ahora visualiza con tu imaginación creativa una piedra preciosa violeta, una amatista, y coloca esa joya en el centro de tu frente. Míralo todo a través de esa joya. Observa cómo todas las cosas se transmutan mediante el color violeta.

3. Para hacer este ejercicio vas a necesitar un objeto de color violeta. Puedes usar una cartulina o un pedazo de tela de color violeta, una flor o algún objeto que tenga un color violeta profundo y puro. Coloca el objeto violeta aproximadamente a la altura de tus

ojos o un tanto más abajo, pide la Luz para el bien mayor y contempla el color por algunos minutos. Luego, cierra los ojos y observa lo que sucede en la pantalla interna de tu visión. Es conveniente que registres tus experiencias en tu diario personal. Repite este ejercicio tan seguido como quieras.

Blanco

Cuando tomamos todos los colores de la Luz: rojo, naranja, amarillo, verde, azul y violeta, y los combinamos en la proporción correcta, el resultado es el color blanco. Ésta es la Luz blanca a la que nos referimos como la Luz magnética, la Luz inferior. No puede ser vista, pero sí puede sentirse. Hay poder en ella. Cuando trabajamos para sintonizarnos con el Espíritu Santo, éste puede manifestarse en el rayo de Luz blanca, y entonces es posible tener conciencia de su presencia; sin embargo, el Espíritu Santo es una Luz transparente.

Dado que el Espíritu Santo es puro, no se puede saber de su presencia a menos que esté trabajando a través de la Luz Magnética. Cuando el Viajero Místico en conciencia superior te dice: "Estoy siempre contigo", esa presencia te acompaña como una Luz transparente hasta que se instituye una acción transmutativa en un nivel inferior. Entonces, cuando sucede algo que compromete la fuerza total del Viajero al trabajar contigo, puedes ver un destello violeta que recorre la habitación, o que sube por una pared, o baja y recorre el piso, o se manifiesta como un conjunto de puntos violeta que danzan frente a ti. Cuando la gente del MSIA ve esto, suele decir simplemente: "Hola, Viajero. Qué alegría que estés aquí". La Luz y la sensación de energía se manifiestan para que tú puedas reconocerlo.

Meditaciones

1. Al cumplir con tus actividades diarias, pide que la Luz blanca te rodee, te llene y te proteja cada vez que pienses en ella. Nota todos los cambios que esto produce en ti y en tu entorno.

2. Cuando veas a alguien alterado o en dificultades, pide que la Luz Blanca vaya donde la persona para el mayor bien. Podrías estar en un supermercado y ver a una madre que tiene problemas con su hijo, o a alguien en la oficina pasando un mal día, o a un amigo que ha perdido a un ser querido. Incluso puedes enviarle esta Luz blanca a personas que aparecen en el periódico o en las noticias por televisión. No existe eso de 'demasiada' Luz blanca en este planeta, siempre que cuando la invoques, lo hagas para el mayor bien.

3. Cuando estés en una situación perturbadora, pide que la Luz blanca te rodee, te proteja y te llene. Esta Luz disuelve las frecuencias negativas, por lo que debes tomar nota de cualquier cambio que se produzca dentro de ti y en tu entorno. (Si corres peligro a nivel físico, sea como sea que esto se manifieste, es decir, en situaciones potencialmente peligrosas, es obvio que además debes alejarte del lugar físicamente).

4. Cada vez que te acuerdes, pide que se coloque una columna de Luz blanca en donde quiera que te encuentres. Cuando esto se lleva a cabo, en el lugar se ancla una energía hermosa que tiene un efecto positivo en cualquiera que pase por ahí. Los lugares en

donde confluye mucha gente, como malls, supermercados, conciertos, cines, etc., pueden beneficiarse de la cualidad elevadora de esta Luz.

14
Para Concluir

Es importante conocer la tradición de los rayos de colores. Te sugiero que experimentes con estos rayos y que anotes tus experiencias en tu diario personal, el que terminará siendo un cuaderno de trabajo para ti, así como un registro de tus resultados. Estoy seguro de que a los maestros de cada rayo les parece bien que solicites su apoyo cuando trabajes con los colores. Recuerda el concepto del "bien mayor". Es la protección con que cuentas para no usar de manera equivocada el poder con el que estás trabajando. Cada vez que trabajes con los maestros de los rayos de colores, coloca la acción en la Luz del Espíritu Santo para el bien mayor.

A veces, puede parecer como que no sucediera nada, e incluso en esas ocasiones, acepta que el hecho de que sea así en ese momento, es para el bien mayor. Si ocurre algo efectivamente, fluye con eso, obsérvalo, aprende de eso. En algún nivel dentro de ti serás capaz de encontrar un acomodo que te funcione, que permita que comprendas dicha información. Tal vez se sienta como un estado de contentamiento, tal vez se produzca un equilibrio físico, tal vez te sientas feliz. Yo le digo a la gente: "Si te funciona, úsalo".

Verificas la información poniéndola en práctica,

trabajando con ella y haciendo un seguimiento a tus experiencias. Te conviertes en el amo de tu propia experiencia y el conocimiento que ganas no se te puede arrebatar. Si utilizas esta información, descubrirás que efectivamente funciona, pero sólo si trabajas con ella, sólo si la pones en práctica.

Glosario

❧ ❧ ❧

Alma. Extensión de Dios individualizada dentro de todo ser humano. El elemento básico de la existencia humana, conectado a Dios por siempre. El Dios interno.

Aura. Campo de energía electromagnética que rodea al cuerpo humano. Tiene color y movimiento.

Conciencia del Viajero Místico. Energía proveniente de la fuente más elevada de la Luz y el Sonido, cuya misión en este planeta es la Trascendencia del Alma y despertar a la gente para que tome conciencia del Alma. Esta conciencia siempre se ancla en el planeta a través de una forma física.

Corriente del Sonido. Energía audible que fluye de Dios a través de todos los reinos. Energía espiritual mediante la cual una persona regresa al corazón de Dios.

e.e.'s. *Ver* **Ejercicios Espirituales.**

Ejercicios espirituales. (e.e.'s). Entonar el HU (pronunciado jiú en español), el Ani-Hu (pronunciado anai-jiú en español), o el tono iniciatorio propio.

Una técnica activa que pasa más allá la mente y las emociones usando un tono espiritual para conectarse con la Corriente del Sonido. Ayudan a la persona a traspasar las ilusiones de los niveles inferiores y, en el largo plazo, a acceder al conocimiento de la conciencia del Alma y del más allá.

Espejo cósmico. El espejo que se ubica en la cima del vacío que se encuentra en la parte superior del reino etérico, justo por debajo del reino del Alma. Todo lo que no haya sido despejado en los niveles físico, astral, causal y mental se proyecta en este espejo cósmico.

Espíritu. Esencia de la creación. Es infinito y eterno.

Iniciación. En el MSIA, el proceso de ser conectado a la Corriente del Sonido de Dios.

Karma. Ley de causa y efecto: "Cosechas lo que siembras". La responsabilidad que toda persona tiene sobre sus propios actos. La ley que rige y, en ocasiones, domina la existencia física de un ser.

Luz. Energía del Espíritu que impregna todos los planos de existencia. También referida como la Luz del Espíritu Santo.

Luz magnética. Luz de Dios que funciona en los reinos negativos.

Mente universal. Localizada en la parte superior del reino etérico, en la división entre los reinos negativos y positivos. Saca su energía del reino mental. La fuente de la mente individual.

Movimiento del Sendero Interno del Alma (MSIA). Organización, cuyo objetivo principal es llevar a las personas a que tomen conciencia de la Trascendencia del Alma. John-Roger es su fundador.

Océano de Amor y Misericordia. Otro término para el Espíritu en el nivel del Alma y más allá.

Psíquico. No-físico y con frecuencia invisible, aunque por debajo del reino del Alma.

Reino astral. Reino psíquico-material por sobre lo físico. El reino de la imaginación. Se entrecruza con lo físico como una velocidad vibratoria.

Reino causal. Reino psíquico-material por sobre el reino astral y por debajo del reino mental. Se entrecruza un tanto con lo físico como una velocidad vibratoria.

Reino del Alma. Plano por sobre el reino etérico. El primero de los reinos positivos y verdadero hogar del Alma. El primer nivel donde el Alma está consciente de su verdadera naturaleza, de su ser puro, de su unidad con Dios.

Reino etérico. Reino psíquico-material por sobre el reino mental y por debajo del reino del Alma. Se equipara con el nivel inconsciente o subconsciente. A veces, se le llama reino esotérico.

Reino físico. La Tierra. Reino psíquico-material en el cual vive el ser en un cuerpo físico.

Reino mental. Reino psíquico-material por sobre el reino causal y por debajo del reino etérico. Se relaciona con la mente universal.

Reinos. *Ver* **Reinos internos** y **Reinos externos.**

Reinos internos. Los reinos astral, causal, mental, etérico y del Alma que existen dentro de la conciencia de toda persona. *Ver también* **Reinos externos.**

Reinos externos. Los reinos astral, causal, mental, etérico y del Alma y por sobre el nivel del Alma que también existen fuera de la conciencia de una persona, pero de una manera más amplia. *Ver también* **Reinos internos.**

Reinos negativos. *Ver también* **Reinos psíquico-materiales.**

Reinos positivos. El reino del Alma y los veintisiete niveles por sobre el nivel del Alma. *Ver también* **Reinos psíquico-materiales.**

Reinos psíquico-materiales. Los cinco reinos negativos inferiores, es decir, los reinos físico, astral, causal, mental y etérico. *Ver también* **Reinos positivos.**

Registros Akáshicos. Los registros kármicos que se mantienen en el reino causal. El ángel "Akasha" es el guardián de estos registros. Magnífico más allá de todo entendimiento, está de pie en el reino causal y capta y sabe todo lo que sucede dentro de los reinos inferiores de la Luz. Su labor es la de un contador: el karma de las personas se graba en los registros Akáshicos.

Ser básico. Uno de los tres seres que produce la conciencia física. Tiene la responsabilidad sobre las funciones del cuerpo, mantiene los hábitos y los centros psíquicos del cuerpo físico. También conocido como el ser inferior. Maneja la comunicación entre el ser consciente, que es el ser que está leyendo esto, con el ser superior, que funciona como el guardián espiritual que dirige al ser consciente hacia el desarrollo espiritual.

Trascendencia del Alma. Trascender los niveles inferiores (físico, astral, causal, mental y etérico) y acceder al reino del Alma y más allá. El trabajo del Viajero Místico.

Viaje del Alma. Trasladar la conciencia hacia el cuerpo del Alma y luego viajar en el cuerpo del Alma a los reinos de conciencia que no son el reino físico. A veces conocido como experiencias extra-corpóreas. Puede realizarse dentro de los propios reinos internos o en los reinos externos, es decir, en los reinos espirituales superiores. (Esto es diferente al viaje astral, en el cual la conciencia deja el cuerpo y viaja en el reino astral. El MSIA no enseña el viaje astral o la proyección astral.) *Ver también* **Reinos internos y Reinos externos.**

Recursos y Materiales de Estudio Adicionales

☙ ☙ ☙

Para ordenar los libros, CD's, DVD's y las Disertaciones, ponte en contacto con el MSIA llamando al (323) 737-4055 (EE.UU.), envía un e-mail a pedidos@msia.org, o simplemente visita nuestra tienda en línea en www.msia.org

LIBROS

El Guerrero Espiritual: El Arte De Vivir Con Espiritualidad
Lleno de sabiduría, humor, sentido común y herramientas prácticas para la vida espiritual, este libro ofrece consejos útiles para tomar la vida en nuestras manos y mejorar nuestra salud, ser más felices y tener mayor abundancia y amor. Convertirse en un guerrero espiritual no tiene nada que ver con la violencia. Implica usar las cualidades positivas del guerrero espiritual que son: intención, implacabilidad e impecabilidad para contrarrestar los hábitos negativos y las relaciones destructivas, especialmente cuando uno se enfrenta a adversidades mayores.

Sabiduría Sin Tiempo
Este libro habla sobre verdades imperecederas. Nos dice: "El mensaje de Dios es uno solo, a pesar de haber sido dicho y expresado de muchas maneras". Ese mensaje único explica que todo lo existente proviene

de Dios y que todo existe, porque Dios existe. Saberlo hace crecer nuestra propia confianza. Dios es multidimensional, está en todas partes, en todas las cosas y en todos los niveles de conciencia.

La Fuente de Tu Poder
Los medios para crear todo lo que quieres están a tu alcance, ya que tus mayores recursos y herramientas yacen en tu interior. Descubre en este libro la manera de utilizar positivamente tu mente, y el poder que tienen la mente consciente, el subconsciente y el inconsciente.

Pasaje al Espíritu
En este libro están planteadas las perspectivas ilimitadas del Alma en su camino de evolución espiritual. Su perfecta esencia es dilucidada con una delicadeza digna del pensamiento maravilloso de John-Roger, exhibiéndonos con pulcritud el mágico hilo que por siempre une al Alma con Dios.

¿Cuándo Regresas A Casa? Una Guía Personal Para La Trascendencia Del Alma (con Pauli Sanderson, D.C.E.)
Relato profundo sobre el despertar espiritual, que contiene todos los ingredientes de una narrativa de aventuras. ¿Cómo adquirió John-Roger la conciencia que lo identifica verdaderamente? Explica también que John-Roger encara la vida como un científico en un laboratorio, descubriendo maneras de integrar lo sagrado con lo mundano, lo práctico con lo místico, y discerniendo lo que funciona y lo que no lo hace. Junto con relatos fascinantes, en este libro encontra-

rás muchas claves prácticas que te ayudarán a mejorar tu vida, a sintonizarte con la fuente de sabiduría que está presente en ti todo el tiempo y a conseguir que cada día te impulse con mayor fuerza en tu emocionante aventura de regreso a casa.

¿Cómo Se Siente Ser Tú? Vivir La Vida Como Tu Ser Verdadero
(con Paul Kaye, D.C.E.)
"¿Qué pasaría si dejaras de hacer lo que piensas que deberías estar haciendo y comenzaras a ser quien eres?". Este libro ofrece ejercicios, meditaciones y explicaciones que te permitirán profundizar y explorar tu verdadera identidad. Viene con un CD inédito: "Meditación para el Alineamiento con el Verdadero Ser".

Servir y Dar: Portales a la Conciencia Superior
(con Paul Kaye, D.C.E.)
Éste es el momento perfecto para encontrar este libro. Enfrentados como estamos a desafíos económicos y cambios profundos que afectan al mundo entero, en él hallamos oportunidades nuevas de dar y de brindarnos servicio a nosotros mismos así como a los demás. Un libro imposible de dejar de leer, lleno de una sabiduría que podemos contemplar y que nos hace reflexionar sobre ese llamado tan importante y especial que nos lleva a engrosar la lista de los que se comprometen con el servicio y la entrega a los demás.

AUDIO

Los Mundos Internos de la Meditación
Paquete de tres CD's con meditaciones guiadas por los Viajeros, cuyo objetivo es alcanzar una paz más profunda y un bienestar mayor, expandiendo nuestra conciencia espiritual.

El Guía Espiritual
En este paquete, compuesto por cuatro seminarios en CD, puedes escuchar de labios de John-Roger las historias sobre su viaje espiritual y que inspiraron la publicación del libro con el mismo nombre. Los seminarios que se incluyen son: En Busca de un Maestro; El Maestro y el Charco de Lodo; Mi Reino por un Caballo y El Ser Verdadero. Las historias son graciosas y conmovedoras y apuntan al mensaje profundo del trabajo espiritual que John-Roger ha venido a hacer. Escuchar las historias personales de J-R sobre su búsqueda es inspirador, ya sea que hayas incursionado en un sendero espiritual por un tiempo o que la experiencia espiritual sea algo nuevo para ti.

Las Meditaciones Gozosas
En este paquete compuesto por cuatro CD's, nos deleitamos con un conjunto de doce meditaciones de uso personal. Cada una cumple con un propósito bien específico. Algunas sirven para armonizar las emociones y la mente, otras para tranquilizar el cuerpo físico; varias de ellas se enfocan en la respiración y otras te ayudan a ver que eres uno con Dios y que todo es perfecto.

Nuestra Canción de Amor y el Cántico del Anai-Jiú
Este CD te ayudará a familiarizarte con un mantra del nombre de Dios, precedido de una plegaria de John-Roger, llamada "Nuestra Canción de Amor". Contiene, además, el cántico del Anai-Jiú, entonado por estudiantes del MSIA.

Serie SAT
Te invitamos a suscribirte a nuestra Serie SAT, la que te permite sumergirte más profundamente en las enseñanzas del Viajero de una manera maravillosa. Se trata de una suscripción anual (de uso personal) de doce CD's de seminarios grabados y enviados todos los meses a tu dirección personal. Los CD's de la serie SAT son una herramienta de apoyo de incalculable valor en el camino de la Trascendencia del Alma. Estos seminarios también están disponibles en formato de MP3 y pueden ser descargados en tu computador de forma casi instantánea, de esa manera te ahorras los gastos de envío e impuestos locales.

Los siguientes materiales en audio son parte de esta serie:

Pon a Prueba al Viajero, Pon a Prueba las Enseñanzas: Como dice John-Roger: "Debes verificar lo que yo digo y poner a prueba mis enseñanzas. Nunca le he dicho a nadie que me crea o que confíe en mí. Sería una tontería. No me preocupa si crees o no en lo que yo diga. Si quieres llegar a la verdad, debes ponerlo todo a prueba y verificarlo tú mismo".

Aprender a Ser un Estudiante: La conciencia que te habla no es la de un amigo personal, la conciencia que te habla es la Conciencia del Viajero Místico.

La Jornada del Alma: ¿Te gustaría saber más acerca de quién eres en verdad y del proceso que realizas como Alma? En esta hermosa mezcla de extractos, John-Roger describe de manera simple el viaje del Alma, descendiendo desde nuestra morada en el Reino del Alma a través de los diferentes niveles de conciencia. Además, los pacíficos interludios musicales intercalados en el seminario te inspiran a ir más profundo en tu interior y a pasar un tiempo en silencio con tu Alma.

Disertaciones Del Conocimiento Del Alma Un Curso Sobre La Trascendencia Del Alma

Las Disertaciones del Conocimiento del Alma tienen como propósito enseñar la Trascendencia del Alma, que es tomar conciencia de que somos un Alma y uno con Dios, pero no en teoría, sino como una realidad viviente. Ellas están dirigidas a personas que buscan un enfoque sistemático en su desarrollo espiritual y que el mismo se prolongue en el tiempo.

Las Disertaciones del Conocimiento del Alma son un conjunto de doce cuadernillos que se estudian y contemplan de a uno por mes. A medida que vas leyendo cada una de las Disertaciones, la conciencia de tu esencia divina puede activarse y tu relación con Dios profundizarse.

Espirituales en esencia, las Disertaciones son compatibles con cualquier creencia religiosa. De hecho, la mayoría de sus lectores considera que las Disertaciones apoyan su experiencia en el sendero, filosofía o religión que hayan elegido seguir. En palabras simples, las Disertaciones tratan sobre verdades eternas y hablan de la sabiduría del corazón.

El primer año de Disertaciones aborda temas que van desde la creación del éxito en el mundo hasta el trabajo de la mano del Espíritu.

La serie de doce Disertaciones para un año tiene un valor de US$100 (cien dólares). El MSIA está ofreciendo el primer año de Disertaciones a un precio de introducción de US$50 (cincuenta dólares). Las Disertaciones vienen con una garantía de devolución de dinero sin cuestionamientos. Si en algún momento decides que estos estudios no son para ti, simplemente devuelve la serie completa y recibirás el reembolso total de tu dinero.

Para ordenar los libros, CD's, DVD's y las Disertaciones, ponte en contacto con el MSIA llamando al (323) 737-4055 (EE.UU.), envía un e-mail a pedidos@msia.org, o simplemente visita nuestra tienda en línea en http://www.msia.org

Acerca del Autor
John-Roger, D.C.E. (*)

Maestro y conferenciante de trayectoria internacional, John-Roger es una inspiración en la vida de muchas personas alrededor del mundo. Durante más de cuatro décadas su sabiduría, buen humor, sentido común y amor han ayudado a muchas personas a descubrir el Espíritu en ellas mismas, a sanar y a tener paz y prosperidad.

Con dos libros escritos en colaboración, que alcanzaron el primer lugar de ventas en la lista del New York Times, y con más de cuarenta libros y materiales de audio sobre auto-ayuda, John-Roger ofrece un conocimiento extraordinario en una amplia gama de temas. Fundador y consejero espiritual de la iglesia sin denominación de culto *Movement of Spiritual Inner Awareness* (Movimiento del Sendero Interno del Alma, MSIA), el cual se enfoca en la Trascendencia del Alma, fundador y primer presidente, y actualmente canciller de la *Santa Monica University* (Universidad de Santa Monica), fundador y canciller del *Peace Theological Seminary & College of Philosophy* (Seminario Teológico y Escuela de Filosofía Paz, PTS), canciller de la *Insight University* (Universidad Insight) y fundador y consejero espiritual del *Institute for Individual and World Peace* (Instituto para la Paz Individual y Mundial, IIWP) y de *The Heartfelt Foundation* (Fundación Heartfelt).

John-Roger ha dado más de seis mil conferencias y seminarios en todo el mundo, muchos de los cuales se transmiten a nivel nacional (EE.UU.) en su programa de televisión por cable, *That Which Is*, a través de *Network of Wisdoms*. Ha aparecido en numerosos programas de radio y televisión, habiendo sido invitado estelar en el programa Larry King Live. También es co-autor y co-productor de las películas *Spiritual Warriors* (Guerreros Espirituales) y *The Wayshower* (El Guía Espiritual).

Educador y ministro de profesión, John-Roger continúa transformando vidas al educar a las personas en la sabiduría del corazón espiritual.

Para más información sobre John-Roger, visita el sitio web www.john-roger.org

(*) Doctor en Ciencia Espiritual, programa de postgrado ofrecido por el *Peace Theological Seminary & College of Philosophy*, www.pts.org.

Para más información, contactarse con el
Movimiento del Sendero Interno del Alma

MSIA
P.O. Box 513935,
Los Angeles, CA. 90051-1935 – EE.UU.
Teléfono: (323) 737-4055 en EE.UU.
pedidos@msia.org
www.msia.org

www.ingramcontent.com/pod-product-compliance
Lightning Source LLC
Chambersburg PA
CBHW022116040426
42450CB00006B/724